0~11か月

0歳児とのあそびかた大全

汐見稔幸 監修
栗生ゑゐこ 絵

監修のことば……汐見稔幸

0歳は、人と関わることが楽しいということを知る大切な時期

0歳の赤ちゃんにとって、おむつを替えてあげるとか、おなかを満たしてあげるとかいう、生きていくためのケアの部分は絶対に必要なものです。その土台となるケアの上に、育みたい3つの能力があります。

ひとつ目は、「体の機能」。おもちゃをにぎるとか、はいはいをするとかいった身体能力のことです。ふたつ目は、人との関わりの中で手に入れる「人に対する深い信頼感」。いわゆる対人関係能力のことですが、これが一番大切で一番難しいことかもしれません。3つ目は、「まわりの世界を知ろうとする力」。におい、味、さわった感触など、五感を総動員して世界を感じ取る力です。これらの能力を育てていくために、おとなが少し手伝ってあげたり、おもしろい動作でもって伝えてあげたりすることを昔から「あやす」と表現します。それをもっと広くいえば「あそぶ」ということになります。だからといって、「赤ちゃんのために、あそび相手になってあげないとい

けない」と焦る必要はありません。０歳の赤ちゃんにとっての「あそび」とは、育っていくための行為ですので、赤ちゃんの喜ぶこと、求めていることをちょっと応援してあげるとか、赤ちゃんのやることを一緒にやるとか、そういうことでいいのです。

　赤ちゃんは、それぞれの赤ちゃんのペースでしか伸びていきません。親がどんどん先走って能力を伸ばそうとしても、空回りしてしまいます。だから、赤ちゃんがはいはいしたいな、と思っているときは、はいはいを応援してあげればいい。退屈そうな顔をして声を出していたら、それは抱っこしてほしいとか、高いところから景色を見せてよとか、ちょっと興奮させてよ、というサイン。赤ちゃんは必ず何をしてほしいかのサインを送ってきます。そのサインを見逃さずに、こうしてあげよう、ああしてあげようとするときのヒントに、この本を使ってみてください。昔から現代にかけて人々が考えてきた数多くのアイデアが、親子の時間をより楽しくしてくれるでしょう。

　最後に、赤ちゃんと関わるときは、お母さんお父さん、できるだけいい顔をしましょう。０歳の赤ちゃんは、身近な人の気持ちを全身で読み取っています。まだそれを伝えるための「話す」能力などはもっていませんが、お母さんお父さんが楽しい気分でいると、それを嬉しいと感じるのです。あそびを通して、人と関わることは楽しい！ということをたくさん体験させてあげてください。

もくじ

監修のことば……2
気になる！ 0歳児の発達とあそびのポイント……10
この本の使い方……14

第1章 ねんね期のあそび

指をにぎってギュッ……16
やさしくスキンシップ♥……17
ならんでお顔つんつん……18
見つめ合ってニコッ……19
おでこさんをまいて……20
げっぷげっぷトントン♪……22
耳をすましてトクトク……23
好きな歌でゆらゆら……24
大好き、○○ちゃん！……25
ここはとうちゃんにんどころ……26
はなちゃんりんごを……28
こっちかな？ あっちかな？……29
えんやらももの木……30
赤ちゃんランナー……32
くんにゃり♥胸そらし……33
大なみ小なみ……34
カサカサふわふわ……35
ちっちゃい豆ころころ……36
おなかぷー／トコトコお散歩……38
おしりもぞもぞ／にぎにぎ……39
まんまるだっこ①／まんまるだっこ②……40
ほっぺにふわわ／ぷるぷる体操……41
手の間からばあ！／下からばあ！……42

そよ風ふーふー／どんな香り？……43
0歳児とのあそびかたヒント①
●赤ちゃんはお母さんお父さんの声が大好き！
あそびの中で、たくさん
声を聞かせてあげましょう。……44
ためしてみよう！
●追視できるようになったかな？……45
栗生ゑゐこの 赤ちゃんとのあそびあるある
――ねんね期編 「思わぬ収穫物」……46

第2章 くびすわり期のあそび

ばぶー語でおしゃべり……48
こんにちは、さようなら……49
いちりにりさんり……50
ふんわりガーゼ……51
らーめん♪ そーめん♪……52
ボールをキック！……54
ツイスト体操……55
ちゅっちゅこっこ……56
シーツで風ふわり……57
おつかいありさん……58
筋トレ① だっこでスクワット……60
筋トレ② 笑顔で腹筋マシーン……61
筋トレ③ 人間バウンサー……62
筋トレ④ ぴょんぴょんボール……63
いっぽんばしこちょこちょ……64
はらばいチャレンジ……66
うつぶせクッション……67
カーテンウォッチング……68
ゆらゆらかげあそび……69
なんの音が聞こえる？……70
落ち葉ひらひら……71
にぎりぱっちり……72
頭ドリル／ばんざーい！……74
じーじーばー①／じーじーばー②……75
おなかモグモグ／おなかクルクル……76

レジ袋カサカサ／ベコベコペット……77
ぱ・ぱ・ぱ／カーテン音楽隊……78
ゆらゆらモビール／パタパタぴたり……79
0歳児とのあそびかたヒント②
●昼間、目覚めているときに
たくさんあそびましょう！
いろいろな刺激を受けることで、
生活にリズムが生まれます。……80
ためしてみよう！
●首がすわったかな？……81
栗生ゑゐこの 赤ちゃんとのあそびあるある
――くびすわり期編 「微動だにせず」……82

第3章 ねがえり期のあそび

ハンモック・バカンス……84
○○ちゃん、どこでしょう？……85
ごろごろぎゅー……86
ねがえりに挑戦！……87
はらばいで布絵本……88
おひざトランポリン……89
電車にゆられて……90
グライダーポーズ対決……91
このこどこのこ……92
足でつんつん……93
パッカパッカお馬さん……94
ゆらゆらラッコちゃん……95
ワニくんのお散歩……96
ひこうきブーン……97
ちょうちょうになって……98
新聞紙アコーディオン……99
ちょちちょちあわわ……100
キラキラボトル……102
コロコロカラカラ……103
風船パンチ……104
洗濯ネットでガシャガシャ……105
ラララぞうきん……106

音がたくさん！……108
はらばいピクニック……109
どこから、ばあ？／腹筋ばあ！……110
あわわわビーム／あわわ返し……111
ママ・オンステージ／皿まわし名人……112
ラブ・テレパシー／鏡でばあ！……113
くちびるラッパ／レロレロ……114
ねぞう撮影会／寝顔スケッチ……115

0歳児とのあそびかたヒント③
●絵本デビューはいつでもOK！
月齢に合ったものにかぎらず、
お気に入りの絵本を一緒に楽しみましょう。……116

ためしてみよう！
●ものの永続性がわかるかな？……117

栗生ゑゐこの 赤ちゃんとのあそびあるある
――ねがえり期編「速読タイム」……118

第4章 おすわり期のあそび

ぎったんばっこん……120
ミニつな引き……121
まねっこゲーム……122
ごろんごろん移動……123
たかいたかい……124
1《ワン》・2《ツー》・3《スリー》ジャンプ！……125
なんでもぽっとん……126
植物とのふれあい……127
なんでもパーカッション……128
くっついた！……129
ふわふわパラシュート……130
空中ボール……131
まねっこ百面相……132
小さなおせんべい、やけたかな？……133
むすんでひらいて……134
新聞紙ビリビリ／まるめてぽいっ……136
三・三・七拍子／拍手喝采！……137

ベリベリはがし／ポイBOX……138
つみ木カンカン／クリップはずし……139

0歳児とのあそびかたヒント④

●ダイナミックな運動あそびは、首がしっかりすわってから。全身を使った動きに赤ちゃんも大喜び！……140

ためしてみよう！

●表情の違いがわかるかな？……141

栗生ゑゐこの 赤ちゃんとのあそびあるある
——おすわり期編「油断大敵」……142

第5章 はいはい期のあそび

はいはい対決……144
バレバレかくれんぼ……145
ぬくぬく親子……146
ボールころころ……147
グーチョキパーでなにつくろう……148
トンネルくぐり① パパママ編……150
トンネルくぐり② ダンボール編……151
いちゃいちゃママが来た！……152
くださいな、はいどーぞ……153
つみ木たおし……154
どっちでしょう？……155
ひんやり氷あそび……156
寒天ぷにゅぷにゅ……157
さよならあんころもち……158
だるまさん……159
親がずりばい／二度見……160
爆笑ごっこ／マラカスふりふり……161
しがみつき／もっと好き♥……162
ペットボトルシャワー／ガーゼでぶくぶく……163

0歳児とのあそびかたヒント⑤

●0歳は親子の愛着関係が形成される大切な時期。抱きしめることで、赤ちゃんは無条件に愛されていることを感じます。……164

ためしてみよう！
●防衛本能がはたらくかな？……165
栗生ゑゐこの 赤ちゃんとのあそびあるある
——はいはい期編 「パパ、童心に帰る」……166

第6章 つかまりだち期のあそび

おとどけものでーす！……168
パパママのぼり……169
お布団すべり台……170
ホンモノすべり台……171
パパママぶらんこ……172
おすもう親子……173
足の間からこんにちは！……174
座布団ジェットコースター……175
つたい歩きおにごっこ……176
ペンギン歩き……177
おままごとごっこ……178
電話ごっこ……179
ひみつの小箱……180
なかよしかくれんぼ……181
みんなで歯みがき……182
いないいない、でたー！……183
のぞき穴／かべからチラッ……184
はいポーズ！／レッツダンス♪……185
バナナの皮むき／ビニール水風船……186
足でプチプチ／鏡よ、鏡……187
0歳児とのあそびかたヒント⑥
●いつでもかまってほしいわけじゃない。
あそびに集中しているときは、
そっと見守ることも大切です。……188
ためしてみよう！
●指さしたものを見てくれるかな？……189
栗生ゑゐこの 赤ちゃんとのあそびあるある
——つかまりだち期編 「小箱のヒミツ」……190

気になる！

0歳児の発達とあそびのポイント

0〜
3か月

赤ちゃんの発達

〈体の機能〉

- 口に指をやると吸いつく、手のひらに指を入れるとぎゅっとにぎるなど、生まれながらの反射反応がある。（0〜2か月）
- 仰向けで手足を動かす。（0か月〜）
- 指をしゃぶる。（2か月〜）

〈対人関係・認知能力〉

- 「あー」「くー」などの声（クーイング）を出す。（2〜3か月）
- 生後すぐの視力は0.02くらい。明暗は感じるけれど、ものの形はわからない。
- あやすと笑う。（2、3か月〜）
- 動くものを目で追う（追視）。（2、3か月〜）

あそびのポイント

眠っている時間が長い時期です。機嫌よく起きているときには、目を合わせて語りかけ、たくさんふれ合いたいですね。はじめははっきりした反応が返ってこなくても、だんだん反応を示してくれるようになります。いろいろなおもちゃにふれさせ、触覚に刺激を与えるのもおすすめです。

くびすわり期

3〜
5か月

赤ちゃんの発達

〈体の機能〉

- ●首がすわる。（3〜5か月）
- ●うつ伏せの姿勢で、顔を上げる。（3か月〜）
- ●おもちゃをにぎる。（3か月〜）
- ●おもちゃを振り、音を出して楽しむ。（3か月〜）
- ●手を伸ばしておもちゃを取ろうとする。（3か月〜）

〈対人関係・認知能力〉

- ●「あうあー」など、多音節の声（喃語《なんご》）を出す。（4か月〜）
- ●ものとの距離感がわかる、立体視できる。（4か月〜）
- ●動くものや人を盛んに目で追う。（4か月〜）
- ●身近な人の顔がわかり、人見知りをする。（4か月〜）
- ●喜怒の表情がわかる。（3か月〜）

あそびのポイント

人や動くものに興味を示し、あやすと声を立てて笑うようになるため、「いないいないばあ」や「くすぐりあそび」などが楽しめる時期。笑いのツボを見つけたら、何度もくり返しあそんであげてください。首がすわると、縦抱っこやうつ伏せの姿勢が可能になるため、あそびの幅もグンと広がります。

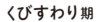

ねがえり期

4〜
6か月

赤ちゃんの発達

〈体の機能〉

- 寝返りをする。(4か月〜)
- グライダーポーズ(→91ページ)をする。(4か月〜)
- 体をねじって向きを変える(ピボットターン)。(5か月〜)
- 自分の足をさわったりなめたりする。(5か月〜)

〈対人関係・認知能力〉

- 喃語のバリエーションが増える。(5、6か月〜)
- 生後6か月で視力は0.1くらいになり、細かいものも見えてくる。
- 鏡の中の自分に気づく。(4か月〜)

あそびのポイント

動きが活発になってくるこの時期は、マットを敷いた床や畳の上など、ベッドよりも少し広い場所でいろいろな姿勢をとれるようにしてあげると動きの幅が広がっていきます。一緒に寝転がって、たくさんあそびましょう。お母さんお父さんの体の上に乗ってさまざまな動きを体験するあそびも、赤ちゃんにはとても刺激的です。

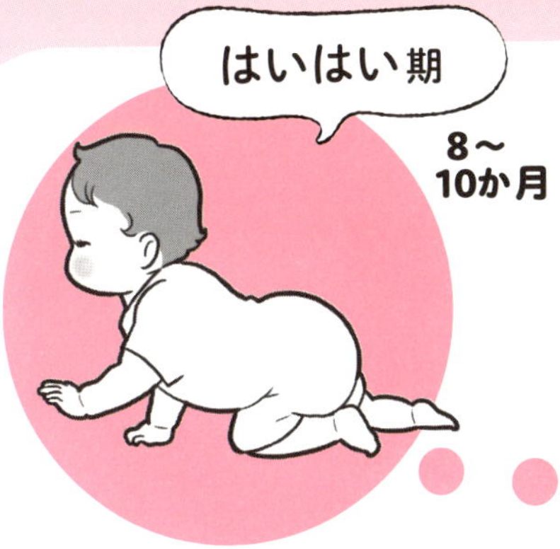

赤ちゃんの発達

〈体の機能〉

- はいはい、高ばいをする。（8か月～）
- 手やおもちゃを打ち合わせて音を出す。（8か月～）

〈対人関係・認知能力〉

- 喃語がもっとも増える。（8～10か月）
- おとなの動きを真似する。（10か月～）
- 「ちょうだい」と手を差し出すと、ものを渡す。（8、9か月～）

あそびのポイント

移動範囲が広がるこの時期は、体を使ったあそびがたくさん楽しめます。一緒にはいはいやずりばいをしてみてもいいですね。

赤ちゃんの発達

〈体の機能〉

- ひとり座りする。（6か月～）
- ずりばい、うしろばいで移動する。（6か月～）
- おもちゃを持ち替えることができる。（7か月～）

〈対人関係・認知能力〉

- 「まんまん」「だぁだぁ」など同じ音をくり返す。（6か月～）
- 表情を区別する。（6か月～）

あそびのポイント

おすわりを習得すると、両手を使ったさまざまなあそびができるようになります。身近な素材やおもちゃを取り入れると、探究心もグンと育ちます。

9〜
11か月

赤ちゃんの発達

〈体の機能〉

- つかまり立ち、つたい歩きをする。（10か月〜）
- はいはいで階段をのぼる。（10か月〜）
- 指さしをする。（10か月〜）

〈対人関係・認知能力〉

- 「ママ」「わんわん」など、1語を話す。（10、11か月〜）
- 自分のイメージをもってあそぶ。（9か月〜）
- 場所を認識する。（10か月〜）

あそびのポイント

つたい歩きができるようになっていくこの時期は、柵や低いテーブルを設置するなど、できるだけ動きやすい環境を整えてあげたいもの。ひとりあそびに集中しているときは、手を出さず見守ることも大切です。

この本の使い方

- この本では、0歳児とのあそびのアイデアを発達段階ごとに紹介しています。赤ちゃんの発達は個人差が大きく、10 〜 14 ページに表記している月齢はあくまで目安です。
- ひとり座りができる前の、赤ちゃん用のいすやバウンサーなどの使用は短時間であればよい気分転換になります。目を離して長時間座らせておくことのないようにだけ、ご注意ください。

第1章
ねんね期
のあそび

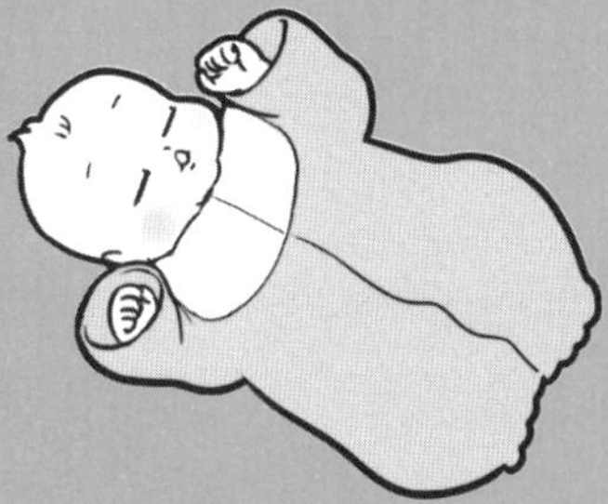

ふれあい

指をにぎってギュッ

赤ちゃんに生まれつき備わっている反射反応で、手のひらに指でふれるとぎゅっとにぎり返してくれます。指をにぎらせて、静かにゆらしてあそびましょう。心癒やされるひとときです。

ふれあい

やさしくスキンシップ♥

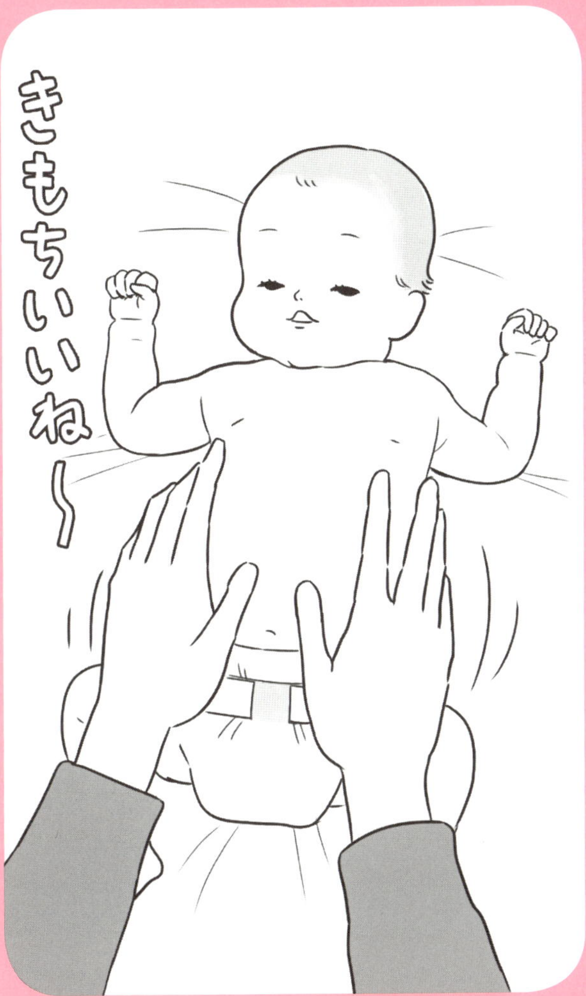

おむつ替えやお風呂のときに、素肌にやさしくふれましょう。足先や指先から心臓のほうに向け、くるくると円を描くようにします。やさしいスキンシップは赤ちゃんに安心感を与え、成長をうながす効果もあるといいます。

ふれあい

ならんでお顔つんつん

添い寝するなどして赤ちゃんに顔を近づけ、顔のいろいろなところをやさしくつつきます。ふれながら、「ここはほっぺ」「お鼻、かわいいね」などと語りかけてあげましょう。

ふれあい

見つめ合ってニコッ

顔を近づけて、見つめ合い、ほほえみます。とくに生後1、2か月くらいになると視力が徐々に発達してきて、近くのものをじっと見つめるようになります。笑顔をたくさん見せてあげましょう。

おでこさんをまいて

① ♪ おでこさんを まいて

（円を描くように
ひたいを1回なでる）

② ♪ めぐろさんを まいて

（8の字を描くように
目のまわりをなでる）

③ ♪ はなのはし わたって

（鼻を上から下に2回、
線を引くようになでる）

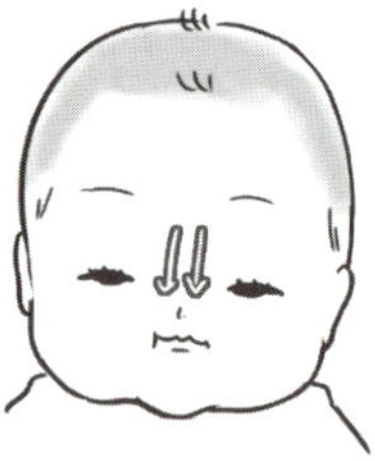

顔をふくときに使えるわらべ歌です。沐浴のとき、濡れたガーゼで顔をふかれるのを嫌がる赤ちゃんも、この歌を歌いながらだったら楽しんで慣れていってくれそうですね。

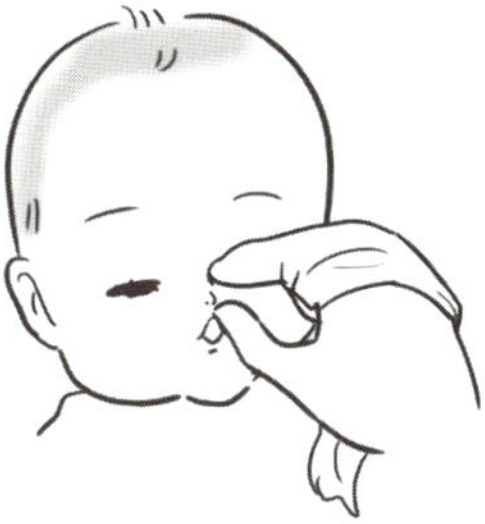

④ ♪こいしを ひろって

（左右の小鼻を1回ずつ
つまんで放す）

⑤ ♪おいけを まわって

（口のまわりをなでる）

⑥ ♪すっかりきれいに
なりました！

（顔のまわりをぐるりと
1回なでる）

ワンポイントアドバイス

沐浴のコツは、手早く楽しく！

新生児の沐浴は、お湯につかってリラックスするためではなく体を清潔にするのが目的。だから、手早く短時間で行うのが基本です。わらべ歌を取り入れて顔をふいてあげる場合もテンポよくおこないましょう。歌を口ずさみながら、楽しい雰囲気で沐浴できるといいですね。

げっぷげっぷトントン♪

ふれあい

授乳のあとのげっぷも、楽しいふれ合いの時間。赤ちゃんの頭を肩にもたせかけるように抱っこしたら、「げっぷげっぷトントン♪」とリズムをつけて背中をトントンしましょう。

ふれあい

耳をすましてトクトク

ゆったりした姿勢で赤ちゃんを抱き、自分の心臓の音を聞かせましょう。おなかの中にいたころを思い出して、赤ちゃんはほっとリラックス。また、寝転がっている赤ちゃんの胸にもそっと耳をつけてみてください。どんな音が聞こえるでしょう？

ふれあい

好きな歌でゆらゆら

抱っこしてゆらゆら、やさしくリズムをとりながら歌を歌ってあげましょう。伝統的な子守歌でもいいですし、お母さんやお父さんのお気に入りの歌でもかまいません。

大好き、○○ちゃん！

ふれあい
おしゃべり

赤ちゃんに顔を近づけ、「○○ちゃん、大好きだよ」とたくさん名前を呼びましょう。はっきりした反応はなくても、赤ちゃんはしっかりと身近な人の声を聞き分けています。

ここはとうちゃんにんどころ

① ♪ ここはとうちゃん
にんどころ
（右ほおを4回つつく）

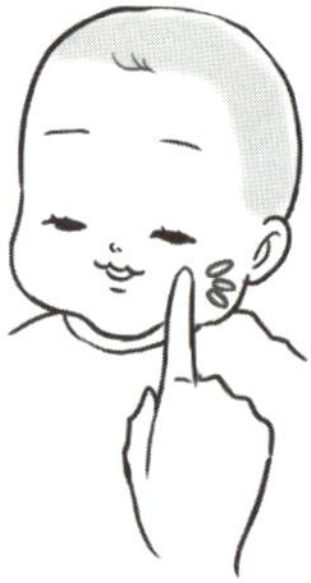

② ♪ ここはかあちゃん
にんどころ
（左ほおを4回つつく）

③ ♪ ここはじいちゃん
にんどころ
（おでこを4回つつく）

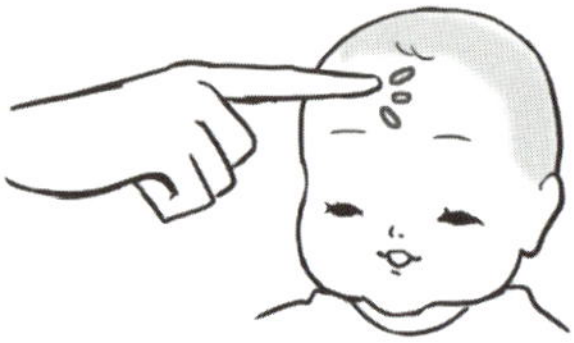

④ ♪ ここはばあちゃん
にんどころ
（あごを4回つつく）

「にんどころ」は似ているところ、「だいどう」はかわいい、という意味。かわいい我が子に、「お父さん、お母さん、おじいちゃん、おばあちゃん……みんなの命がつながって、今あなたがここにいるんだよ」という思いを込めて歌ってあげましょう。

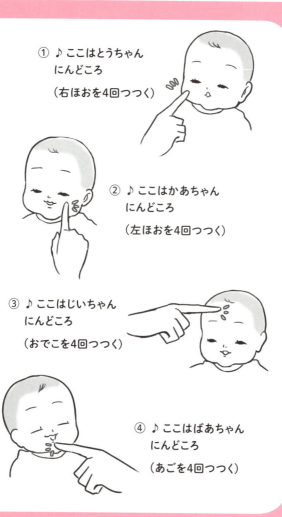

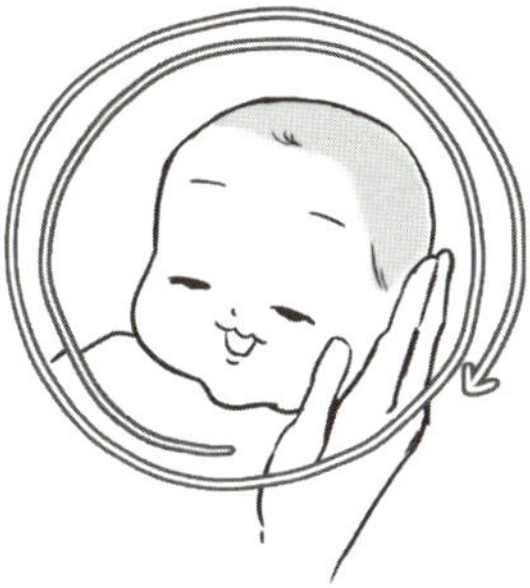

⑤ ♪ だいどうだいどう

（顔のまわりを
手のひらで2回なでる）

⑥ ♪ こちょこちょー！

（脇の下をくすぐる）

ここはとうちゃんにんどころ

わらべ歌

ふれあい 手あそび歌

はなちゃんりんごを

① ♪ はなちゃん

（鼻の頭を
2回つつく）

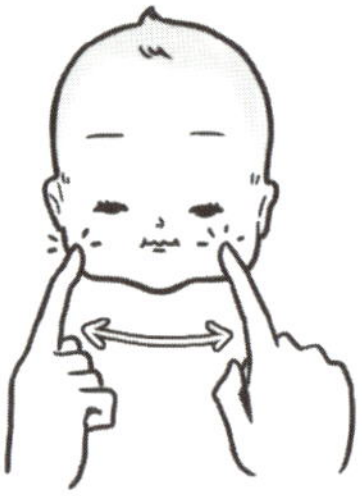

② ♪ りんごを

（両方のほおを
1回ずつつつく）

③ ♪ たべたいね

（口の下を3回つつく）

④ ♪ でこちゃん

（おでこを2回つつく）

言葉に合わせて赤ちゃんの鼻や口などを順番につつき、視覚、聴覚、触覚に刺激を与えるあそびです。お風呂上がりや寝起きなど、機嫌のいいときにやると笑顔を見せてくれるかも。

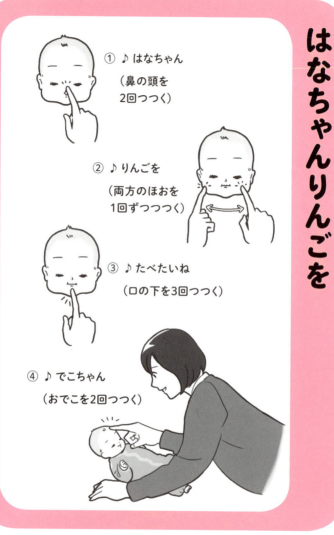

おもちゃあそび

こっちかな？ あっちかな？

生後2か月くらいになると、動くものを目で追えるようになってきます（→45ページ）。目の前でガラガラやおもちゃをゆっくり左右に動かしてみましょう。一生懸命、目で追ってくれるでしょうか？

わらべ歌

えんやらももの木

♪ えんやら もものき
ももがなったら だれにやろ
おかあさんに あげよか
○○ちゃんに あげよか
だれに あげよか

（歌いながら左右にゆれる）

（最後にぎゅっと
抱きしめる）

赤ちゃんを抱っこしてゆらしながら歌う、やさしいわらべ歌です。「おかあさん」「○○ちゃん」は、家族や赤ちゃんの名前で歌いましょう。親子で穏やかな気持ちになれるひととき。

月齢が上がってきたら、
「だれにあげよか」のあとに
桃に見立てたお手玉などを
手渡してあげるといいですね！

えんやらももの木

わらべ歌

からだあそび

赤ちゃんランナー

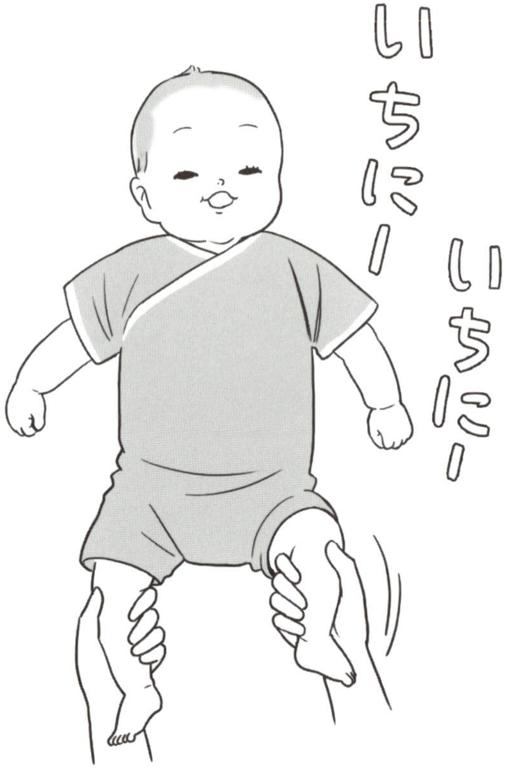

生後2、3か月から始められる足の運動あそびです。ふくらはぎのうしろを親指と人さし指の間で支えるように持ち、片足ずつグッと上半身につけるように上げては戻します。股関節を痛めないようにゆっくりと。おむつ替えのあとにもおすすめです。

からだあそび

くんにゃり♥胸そらし

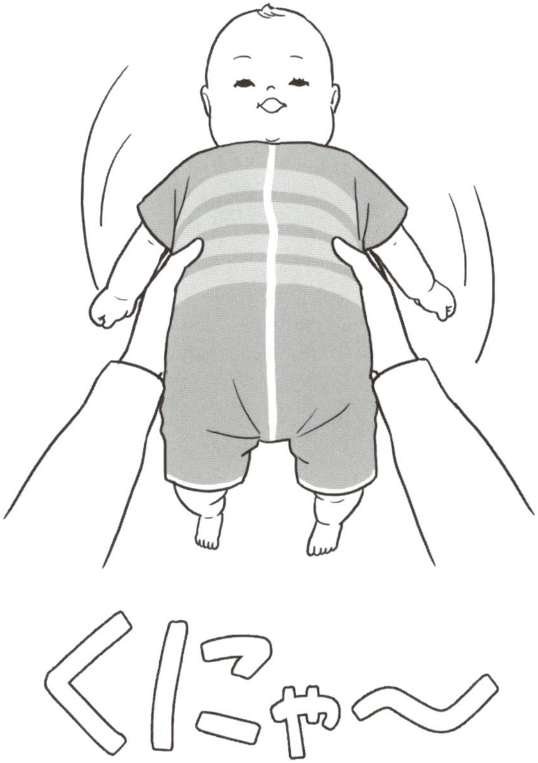

生後2、3か月から始められる運動です。仰向けのおなかの脇から背中にかけて両手を差し込み、ほんの少し体を持ち上げて、胸をそらせるようにします。無理のない高さで背中がすっと浮くと、赤ちゃんにはいい気分転換に。

大なみ小なみ

首をしっかりと支え、すっぽりと横抱きにして、ゆっくりとしたリズムでゆらします。大きく小さく、ときどきリズムを変えて、反応を見てみましょう。激しくゆらさないように気をつけて。

カサカサふわふわ

ふれあい

感触あそび

レジ袋やタオル、新聞紙にブロックなど、いろいろな素材のものをにぎらせてみましょう。カサカサ、ふわふわ、つるつる……はじめての感触に、赤ちゃんの感覚も育ちます。

ちっちゃい豆ころころ

ふれあい
わらべ歌

① ♪ ちっちゃいまめ こーろころ

（小指をつまんでやさしく
引っ張ったり、ころころ
転がしたりする）

② ♪ ちいっとふくれて こーろころ

（薬指をつまんで同じように）

赤ちゃんの足の指を小さい豆に見立て、小指から親指まで順番にマッサージしながら歌います。くり返しのメロディーが心地よく、両足終わるころには、気持ちよくなった赤ちゃんがとろんと眠ってしまうことも。手の指でやってみてもいいでしょう。

③ ♪もちぃっとふくれて こーろころ

（中指をつまんで同じように）

④ ♪もちぃっとふくれて こーろころ

（人さし指をつまんで同じように）

⑤ ♪こんなにふくれて こーろころ

（親指をつまんで同じように）

ちっちゃい豆ころころ

わらべ歌

おなかぶー

ふれあい
一発ネタ

おなかや腕に唇をつけて、「ブーッ」と音を出します。服の上からでも素肌でもOK。振動がおもしろくて、赤ちゃんも笑顔に。

トコトコお散歩

ふれあい
一発ネタ

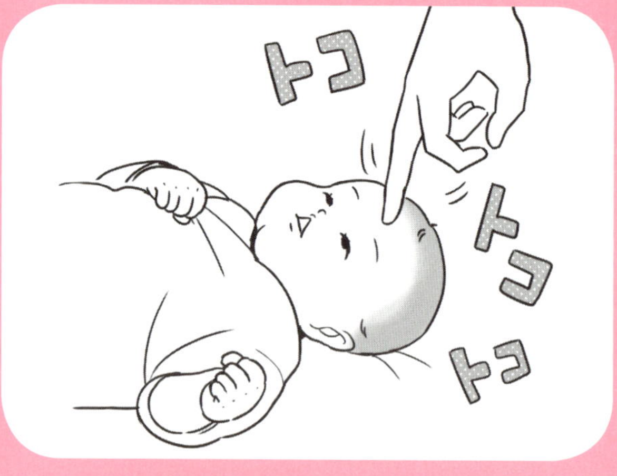

2本の指を小さな足に見立てて、「お顔だね」「次はおてておだよ」などと話しかけながら、体の上をトコトコ移動させましょう。

おしりもぞもぞ

ふれあい　からだあそび

赤ちゃんの足やお尻を下から持って、左右にゆらしながら「もぞもぞ、もぞもぞ」。楽しく体をほぐすあそびです。

にぎにぎ

ふれあい　一発ネタ

向き合って目を合わせ、手を開いたり閉じたりしながら「にぎにぎ、にぎにぎ」。そのうち、赤ちゃんも手を動かし出します。

ふれあい

まんまるだっこ①

赤ちゃんにとって心地よい抱っこです。背骨がカーブを描き、手足が自然に曲がった、まんまるの体勢でリラックス♪

ふれあい

まんまるだっこ②

あぐらをかいて座った足の中に、お尻がすっぽりと入るように赤ちゃんを座らせます。「まんまるだっこ」の座りバージョンです。

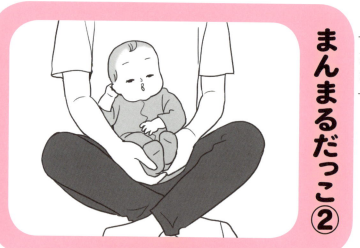

ほっぺにふわふわ

ふれあい　布あそび

布ボールや毛布などやわらかいもので、赤ちゃんのほっぺにやさしくふれ、触覚を刺激します。ふわふわ比べ、ほっぺの勝ち！

ぶるぶる体操

からだあそび

赤ちゃんが手足を動かしていたら、おとなもそばに寝転がって、天井に向けて手足をぶるぶる。いいエクササイズになりますよ。

手の間からばあ！

一発ネタ

手で顔を隠したあと、手の間から「ばあ〜」と笑顔をのぞかせて。大好きな人の笑顔が現れて、赤ちゃんは嬉しくなります。

下からばあ！

一発ネタ

ベッドの下などから「ばあ〜」と、登場してみても。この時期の赤ちゃんは、おもしろい顔よりも、にっこり笑顔が大好きです。

そよ風ふーふー

ふれあい　一発ネタ

赤ちゃんの顔に、やさしく息をふーっと吹きかけてみましょう。少しびっくりする？ 喜ぶ？ どんな反応を示すでしょうか？

どんな香り？

ふれあい

視力は弱くても嗅覚は鋭い、この時期の赤ちゃん。季節の花や果物などを顔に近づけて、香りを感じてもらいましょう。

0歳児とのあそびかたヒント①

赤ちゃんは お母さんお父さんの 声が大好き！ あそびの中で、たくさん 声を聞かせてあげましょう。

目よりも耳が発達している!?

0歳の赤ちゃんは視力が弱い半面、まわりの音には敏感です。とくに生後3、4か月ごろまでは目で見て人の判別ができず、たくさん声をかけてあげることによって、お母さんお父さんの存在を認識していきます。あそびながら、抱っこしながら、やさしく語りかけましょう。わらべ歌・手あそび歌を使ったあそびや、短い言葉を規則的なテンポでくり返す声かけは赤ちゃんの耳にも心地よく、おすすめです。

〇〇ちゃん大好きだよ
きもちいいね〜
ねむたいかな？

あやすとほほえむのは生後2か月から

生まれたばかりの赤ちゃんが寝ながらニッコリすることがありますが、これは「生理的微笑」と呼ばれる無意識のほほえみです。赤ちゃんが相手にほほえみ返すようになるのは生後2か月ごろから。反応がない時期はとくに、どう接したらいいか悩みがちですが、そんな時期にこそたくさん語りかけてあげましょう。動作と結びついた声を聞くうちに、音が意味のあるものとして理解できるようになっていきます。

ためしてみよう!

追視できるようになったかな?

生後2か月ごろになると、動くものを目で追って見る「追視」ができるようになります。新生児のころは正面しか見ることができなかった目の機能が発達し、視野が広がってきた証拠ですね。視野の端から端までおもちゃを動かして、たしかめてみましょう!

1 赤ちゃんが顔を向けている側で、おもちゃを見せる。

2 ゆっくりと、おもちゃを顔の真上に移動させる。

3 おもちゃの動きを追視してくれるかな?

これができたら…**ねんね期**のこんなあそびがおすすめ!

- **こっちかな? あっちかな?** ➡29ページ
- **にぎにぎ** ➡39ページ
- **手の間からばあ!/下からばあ!** ➡42ページ

栗生ゑゐこの赤ちゃんとのあそびあるある

——ねんね期編

思わぬ収穫物

第2章
くびすわり期のあそび

ばぶー語でおしゃべり

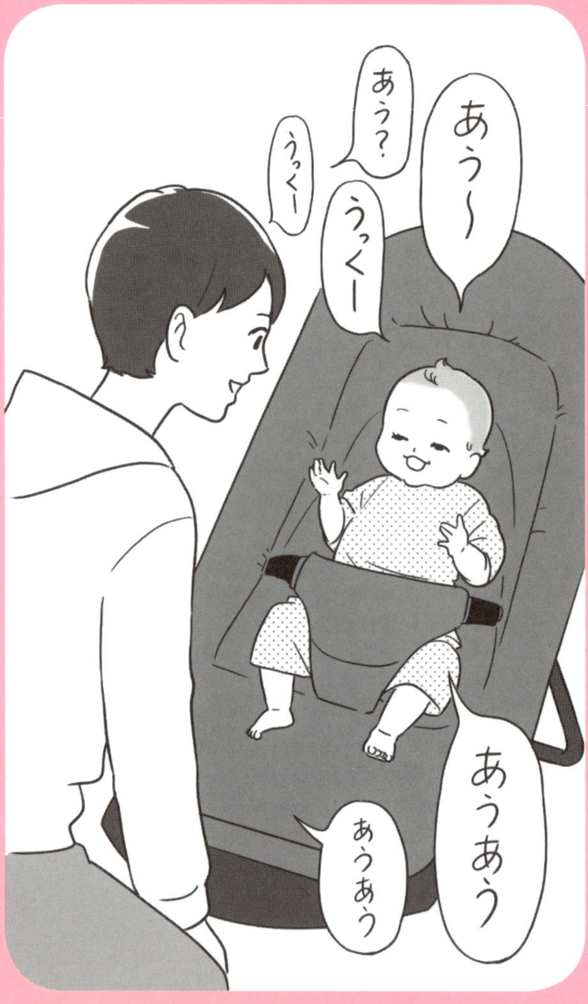
あう〜
あう?
うっくー
うっくー
あうあう
あうあう

赤ちゃんが「あー」「くー」などの声(クーイング)を出していたら、同じ調子で「あー」「くー」などと応えてみましょう。赤ちゃん言葉で会話しているようで、とても楽しい気分になります。

一発ネタ

こんにちは、さようなら

「こんにちは」「さようなら」とあいさつしながら顔を近づけたり遠ざけたりするあそびです。大好きなお母さんやお父さんの顔が近づいてくると、赤ちゃんは大喜び。

いちりにりさんり

ふれあい　わらべ歌

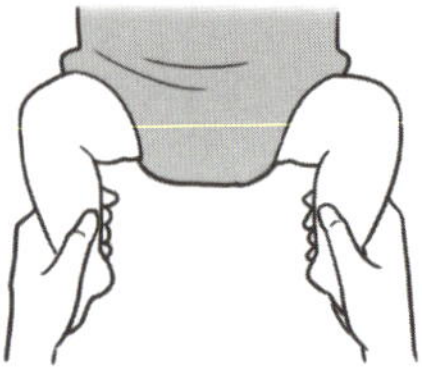

① ♪ いちーり

（足首を持つ）

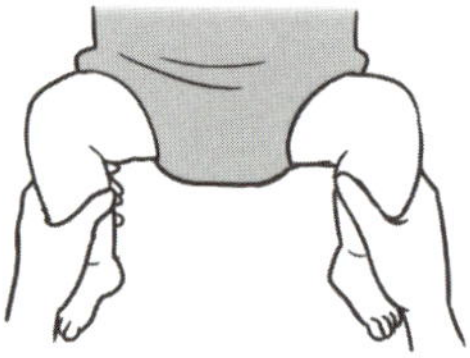

② ♪ にーり

（ふくらはぎを持つ）

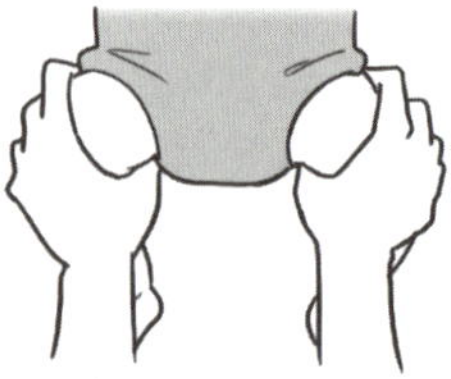

③ ♪ さーんり

（太ももを持つ）

④ ♪ しりしりしりー

（お尻を持って、
くすぐるように
やさしくゆする）

「いちり、にり……」と歌いながらだんだんお尻に近づき、最後に「しりしりしりー！」で、お尻をゆすります。何回かあそぶと、赤ちゃんは最後にゆすられるのを期待して待つようになります。

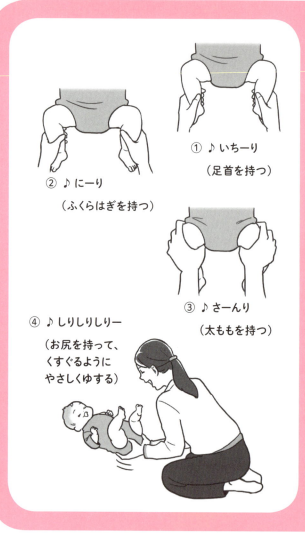

ふんわりガーゼ

ふれあい

布あそび

ガーゼハンカチなど、透けて見えない程度のやわらかい布を顔の上にふんわりとかけます。赤ちゃんが自分でハンカチを取りのぞいたら、笑顔で迎えてあげましょう。

らーめん♪ そーめん♪

ふれあい

手あそび歌

① ♪らーめん そーめん

（頭、肩から下がって
腕まで、ゆっくりなでる）

② ♪すぱげってぃ

（①と同じ場所を、
スピードアップして
2回なでる）

③ ♪焼きそば

（おなかをなでる）

「らーめん、そーめん」の音のリズムが楽しい、ふれあいあそびです。メロディはとくにありません。赤ちゃんのやわらかい肌にたっぷりふれて、最後はくすぐって楽しませてあげましょう。

④ ♪ ふっくらおもち

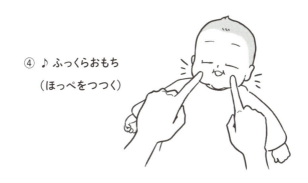

（ほっぺをつつく）

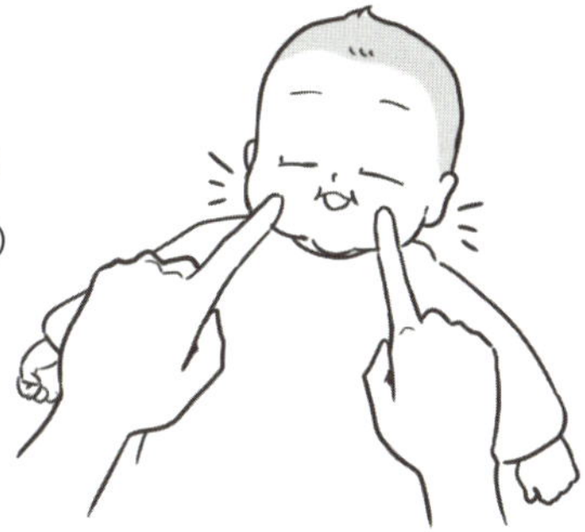

④ ♪ ぱくぱくぱくー！

（食べる真似をして
くすぐる）

ワンポイントアドバイス

くすぐりあそびは、親も笑顔で！

笑顔を引き出すのに効果てきめんの「くすぐりあそび」。笑わせるコツは、くすぐるほうも笑顔で赤ちゃんにふれること。くすぐられて笑ってしまうのは、皮膚刺激のせいだけでなく、大好きな人から笑顔でふれられることがおもしろいからです。くり返しあそぶうちに、くすぐる真似をしただけでも笑うようになりますよ。

ボールをキック！

からだあそび
おもちゃあそび

赤ちゃんをひざの上に座らせて体を支え、足の近くにひもをつけたボールを持っていきます。足を動かすとボールに当たることに気づかせてあげましょう。うまく当たったら、たくさんほめてあげてくださいね。

からだあそび

ツイスト体操

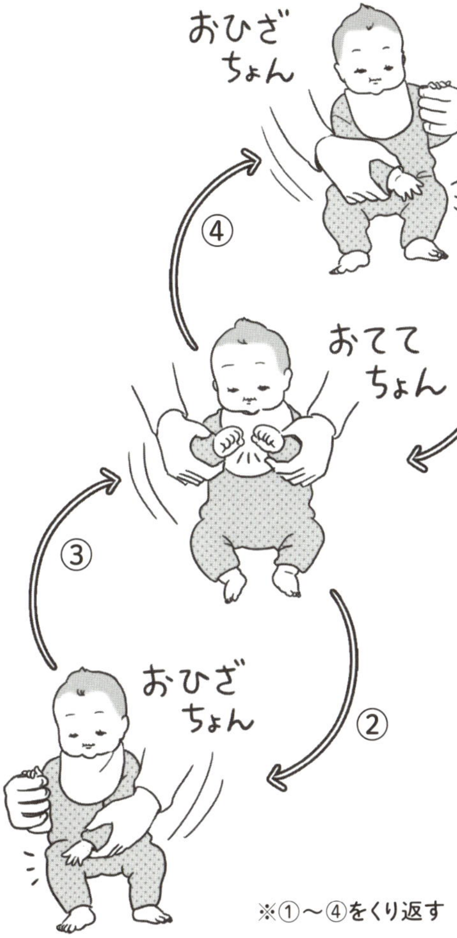

あぐらの上に赤ちゃんを座らせて両手を持ち、片手を反対側のひざの上に持っていくような動きを、リズムよくくり返します。肩からひじ、手首をほぐし、はいはいが上手になる運動です。

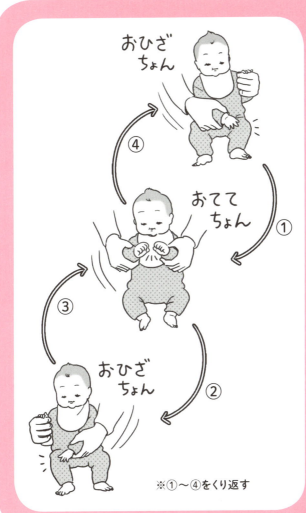

ちゅっちゅこっこ

① ♪ちゅっちゅー
こっこー
とーまーれ（×2）
（布を振る）
② ♪ とーまーらーにゃ
とんでけー
（布を飛ばす）

簡単な節に合わせてガーゼなどの布を振り、「とんでけー！」でそれを飛ばしてみせるあそびです。布を赤ちゃんの顔や体にふわふわ当てても喜びます。

シーツで風ふわり

ふれあい
布あそび

赤ちゃんはひらひら動く布が大好き。シーツの端を両手で持ち、大きくダイナミックに上下に振って風を作ります。最後はシーツを一番大きく振って、赤ちゃんと一緒にシーツの中にくるまってしまいましょう。

おつかいありさん

ふれあい

わらべ歌

① ♪ あんまりいそいで
こっつんこ

（足を持って、ゆっくり
上下に動かす）

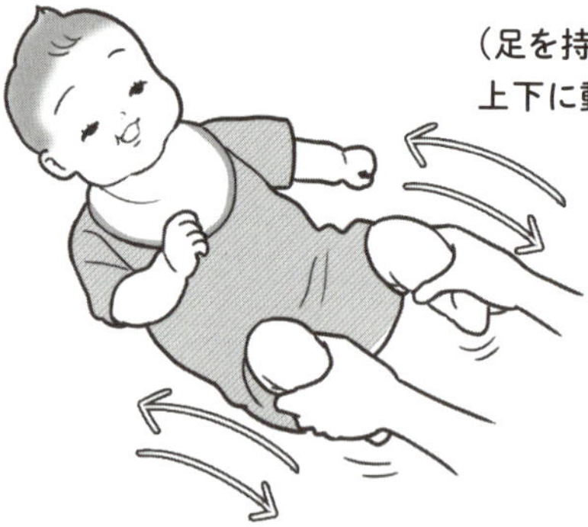

② ♪ ママ（パパ）と
〇〇ちゃんが
こっつんこ

（おでことおでこを
くっつける）

「おつかいありさん」の童謡を替え歌にしたあそびです。おむつ替えのあとなどにくり返しあそんであげれば、赤ちゃんはこの歌あそびを楽しみに、おむつ替えを好きになってくれるかもしれませんね。

③ ♪あっちいって
ちょんちょん
こっちきてちょん

（左右のほっぺを
つつく）

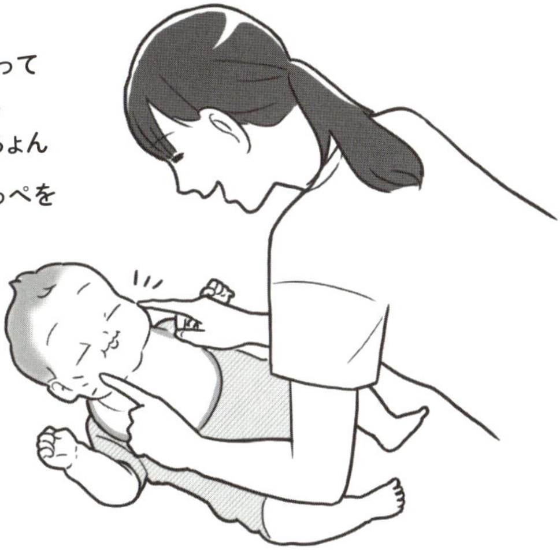

おつかいありさん

作詞　関根 栄一
作曲　團 伊玖磨

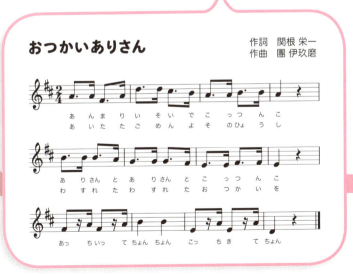

あ ん ま り い そ い で こ っ つ ん こ
あ い た た ご め ん よ そ のひょ う し
あ り さん と あ り さん と こ っ つ ん こ
わ す れ た わ す れ た お つ か い を
あっ ち いっ て ちょん ちょん こっ ち き て ちょん

筋トレ① だっこでスクワット

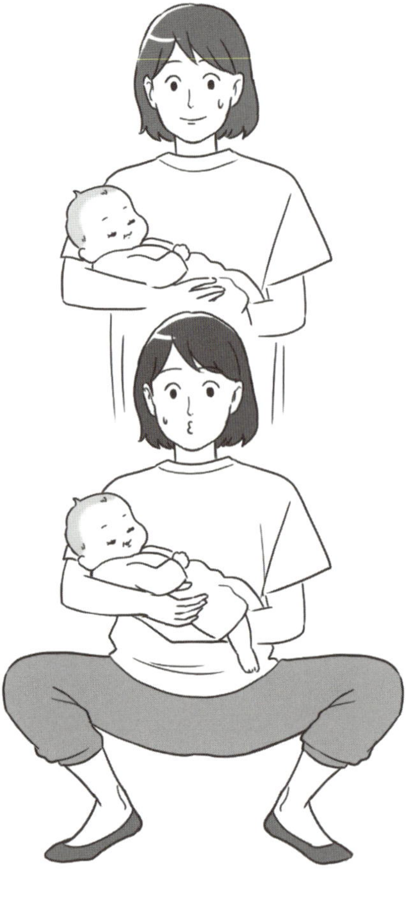

赤ちゃんを抱っこしながらスクワットします。赤ちゃんは視界が動いて楽しいし、おとなはシェイプアップになる、一石二鳥のあそびですね。ひざや腰を痛めないように、ゆっくりおこないます。

からだあそび

筋トレ② 笑顔で腹筋マシーン

赤ちゃんの体を両手でしっかりと支え、おなかの上に座らせて、腹筋運動をしましょう。体を起こして、自分の顔が赤ちゃんの目の前に来たときは、満面の笑みで赤ちゃんを喜ばせて。

からだあそび

筋トレ③ 人間バウンサー

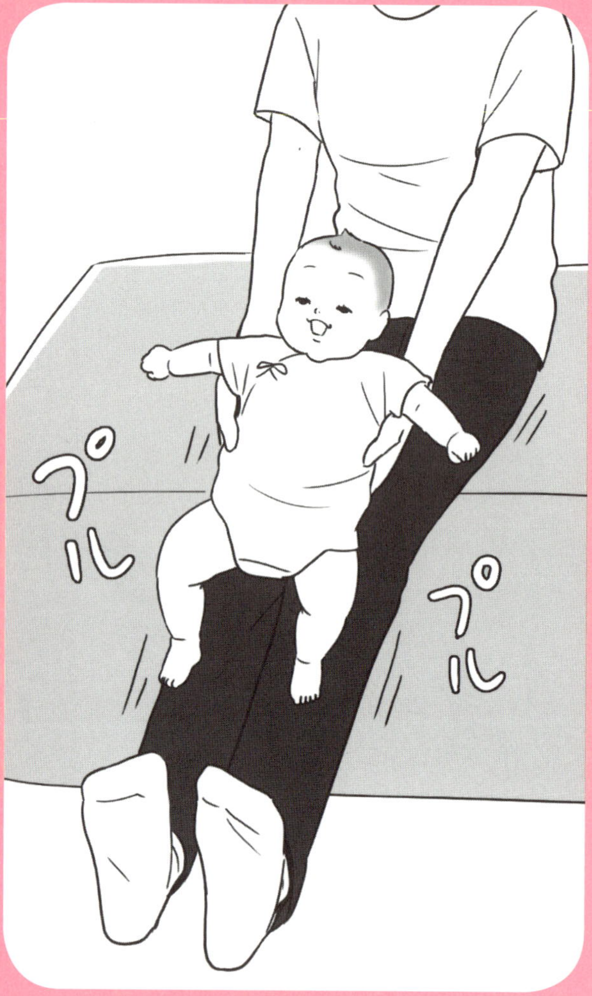

ソファーなどに腰かけ、足を伸ばして床から浮かせて、その上に赤ちゃんを乗せます。赤ちゃんが落ちないように脇を支えながら、ゆっくり上下にゆらしてみましょう。腹筋を使うので足はぷるぷる。何秒頑張れるでしょうか？

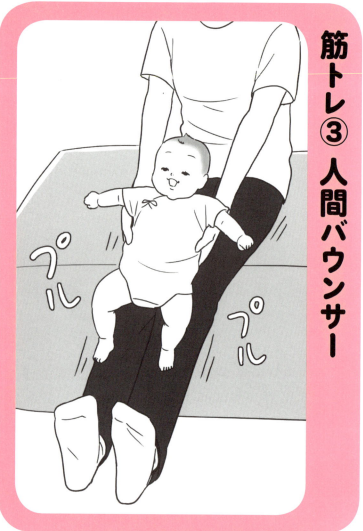

からだあそび

筋トレ④ ぴょんぴょんボール

赤ちゃんを横抱きにして自分の体にぴったりと密着させ、バランスボールの上に座って上下に跳ねます。このゆれが赤ちゃんの気分を変えて、寝かしつけにも効果バツグン。

ふれあい わらべ歌

いっぽんばしこちょこちょ

① ♪いっぽんばし
こちょこちょ

（手のひらを指で
ツンとつついてから、
くすぐる）

② ♪たたいて つねって

（軽くたたいて、
やさしくつまむ）

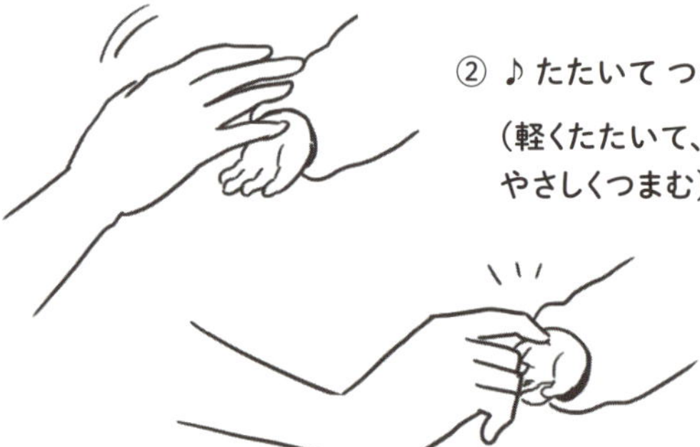

たたいたり、つねったり、くすぐったり、いろいろな感覚で赤ちゃんが喜ぶ歌あそびです。何度もあそぶと、リズムや動きを覚え、最後のこちょこちょは、期待どおり！ 笑いの大爆発です。

③ ♪かいだんのぼって

（2本の指で腕を
つたって、肩のほうへ）

④ ♪こちょこちょー！

（脇の下などをくすぐる）

いっぽんばしこちょこちょ

わらべ歌

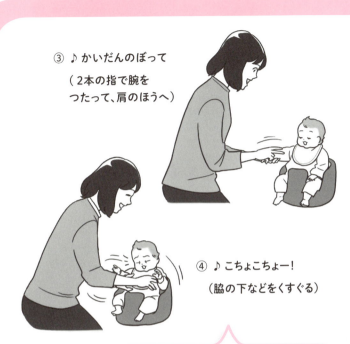

からだあそび

はらばいチャレンジ

腹ばいで首を持ち上げる練習です。赤ちゃんのそばでおとなも同じ体勢になって、呼びかけたり、おもちゃを置いたり鳴らしたりしてみましょう。首を持ち上げるのに疲れたようだったら、抱っこして「頑張ったねー」とほめてあげてください。

からだあそび

うつぶせクッション

うつ伏せになった赤ちゃんの脇と胸の下に、クッションをはさみます。安定するので姿勢が維持され、高さも出るので視界が広がり、両手を使ってあそびを楽しめます。首がすわったあとで、必ず見守りながらあそばせましょう。

観察あそび

カーテンウォッチング

このころになると、赤ちゃんは、見たいと思うものを頭を動かして目で追うことができるようになります。風でゆれるカーテンや、その向こうに見える景色を一緒に観察してみましょう。

ゆらゆらかげあそび

観察あそび

暗い部屋で懐中電灯をつけてみましょう。光を動かすと影がゆらゆら動き、赤ちゃんも興味津々。抱っこして、「なんの影かな？」「ゆらゆら動いているねー」などと語りかけながら観察を。

なんの音が聞こえる？

外に出て、風の音、鳥の声、車の音など、いろいろな音に一緒に耳を傾けてみましょう。「サワサワ〜って、葉っぱの音がするね」「車がたくさん走っている音だね」などと、語りかけを。

外あそび

落ち葉ひらひら

落ち葉の季節には、ぜひ楽しんでほしいあそびです。落ち葉のカサカサという音は、赤ちゃんにはとても興味深いものですし、上から落としてひらひら散るさまも、観察の対象です。

にぎりぱっちり

布あそび　わらべ歌

① ♪ にーぎりぱっちり
たてよこひよこ(×2)

(布を両手で丸めて
持ち、上下に振る)

② ぴよぴよぴよぴよー

(手を開くと、布が広がって現れる)

シフォンやオーガンジーといった、軽くて弾力のある布を両手の中に丸めて持って歌います。最後の「ぴよぴよぴよー」で手を開くと、布が手品のように広がって現れ、赤ちゃんは大喜び!

月齢が上がってきたら、
布をもう1まい用意して
一緒にやってみても
楽しいですね！

にぎりぱっちり

わらべ歌

にー ぎ り ぱっ ち り
た て よ こ ひ よ こ
にー ぎ り ぱっ ち り
た て よ こ ひ よ こ

頭ドリル

ふれあい
一発ネタ

仰向けに寝ている赤ちゃんのおなかに、頭でやさしくぐりぐりぐり……。くすぐったいやら楽しいやらで、赤ちゃんは大喜びです。

ばんざーい！

演技

赤ちゃんの目の前で、笑顔でバンザイをしましょう。大好きな人が楽しそうにしていると、赤ちゃんも楽しい気持ちになります。

じーじーばー①

布あそび　わらべ歌

「じーじー」と言って布で顔をかくし、「ばー」で顔を出します。「ちりんぽろんと」で布をひらひらさせ、「飛んでったー」で布を放って。

じーじーばー②

布あそび　わらべ歌

①の別バージョンです。「じーじー」で赤ちゃんに布をかぶせ、「ばー」でさっと取ります。どんな表情を見せてくれるでしょうか？

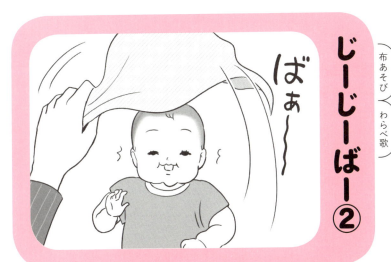

おなかモグモグ

ふれあい 一発ネタ

赤ちゃんのおなかって、ふっくらしていて、とても美味しそう！「もぐもぐ」と言いながら、口をつけてくすぐってしまいます。

おなかクルクル

ふれあい

手のひらを使って、赤ちゃんのおなかを時計回りにやさしくなでます。便秘解消のマッサージとしても効果的です。

レジ袋カサカサ

音あそび　一発ネタ

赤ちゃんはレジ袋の「カサカサ」という音が大好き。ぐずったときにはぜひためしてみましょう。ぐずりがぴたりとおさまるかも!?

ベコベコペット

音あそび　一発ネタ

レジ袋の音に負けず、ペットボトルをにぎって鳴らす「ベコベコ」という音も、赤ちゃんには人気です。

ぱ・ぱ・ぱ

音あそび

一発ネタ

口を大きく動かして息を吐き出しながら「ぱ・ぱ・ぱ」と破裂音を聞かせると、赤ちゃんもよく見ていて、真似して「ぱ・ぱ・ぱ」。

カーテン音楽隊

音あそび

一発ネタ

赤ちゃんの近くで、カーテンを小さくシャッ！ シャッ！ と音を立てて開け閉め。動きと音が赤ちゃんのツボに入ったら大喜びするかも。

ゆらゆらモビール

観察あそび

赤ちゃんの布団やベッドのそばに、紙やフェルトで作ったモビールをつるしてみましょう。動くものを目で追うのが楽しい時期です。

パタパタぴたり

一発ネタ

うちわでパタパタあおいで風を送り、ピタッと止める動きに大喜びする赤ちゃんも!? うちわがあったら、ためしてみましょう。

0歳児とのあそびかたヒント②

昼間、目覚めているときにたくさんあそびましょう！いろいろな刺激を受けることで、生活にリズムが生まれます。

生後3か月は成長の節目

はじめは昼夜の区別がなく、昼間も寝ていることの多かった赤ちゃんも、生後3か月ごろになると昼間起きている時間が長くなってきます。この時期の赤ちゃんは首がすわり、目も見えるようになってきて、動くものを目で追ったり、人にあやしてもらうと笑ったりするようになります。これまでの穏やかなふれ合いあそびや語りかけに加え、赤ちゃんの好奇心を刺激するあそびを取り入れていくとよいですね。

小さな刺激をたくさん経験させて

首がすわったら、うつ伏せにしてクッションを体の下にはさみ、上半身を高く固定してあげると新しい視界が広がります。また、赤ちゃんを抱っこしたり体の上に乗せたりして親が筋トレをする、運動あそびも楽しいですね。外に出ていろいろな音に耳をすませたり、落ち葉にふれさせたりしてもいいでしょう。はじめてのことを体験する赤ちゃんは、どんな反応を見せてくれるでしょうか？

ためしてみよう！

首がすわったかな？

生後3か月くらいになると、頭を支える首の筋肉が発達してきて、生後4、5か月ころまでに首すわりが完了します。首がすわると縦に抱っこできたり、腹ばいであそべるようになったりして、あそびの幅も広がります。次の3つの方法でチェックしてみましょう。

1
うつ伏せに寝かせたとき、自分で頭を持ち上げる。

2
仰向けで両手を持って起こすと、首が持ち上がる。

3
縦抱きで体を少し傾けると、首が持ち上がる。

これができたら…**くびすわり期**のこんなあそびがおすすめ！

- **筋トレ② 笑顔で腹筋マシーン** ➡61ページ
- **はらばいチャレンジ** ➡66ページ
- **うつぶせクッション** ➡67ページ

栗生ゑゐこの

赤ちゃんとのあそび あるある

―くびすわり期編

微動だにせず

第3章 ねがえり期 のあそび

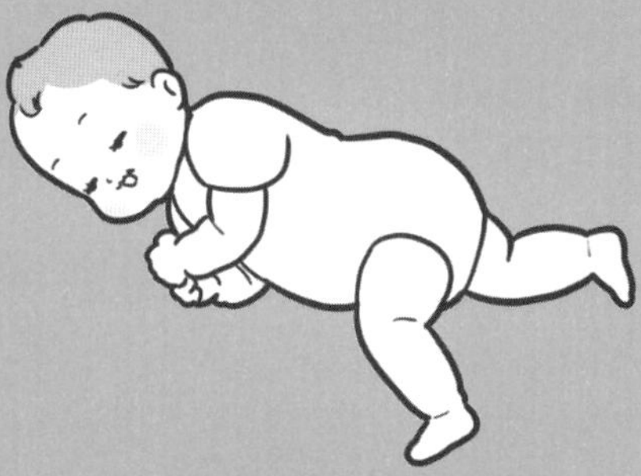

ハンモック・バカンス

からだあそび
布あそび

赤ちゃんをバスタオルかシーツに乗せて、両端をおとなふたりで持ち上げ、ゆっくりゆらします。頭のほうを少し高くするといいですね。ゆらゆらゆれて、赤ちゃんもいい気持ち。「えんやらももの木」(→30ページ)を歌いながらゆらしてもいいでしょう。

ふれあい

○○ちゃん、どこでしょう?

「○○ちゃん、
○○ちゃんは
どこでしょう」
「ここです、
ここです、
ここですよ」
「○○ちゃん、
いたねー!」

「○○ちゃんはどこでしょう」で、頭から肩をなでながら、「ここですよ」で両手を持ち上げてバンザイ! 最後は、ぎゅーっと抱きしめてあげましょう。愛おしさがこみ上げるあそびですね。

ごろごろぎゅー

少し離れたところから、赤ちゃんのいる場所を目指しておとながごろごろ転がり、くっついてぎゅーっ！ 寝返り練習中の赤ちゃんと、身も心もひとつになります。

からだあそび

ねがえりに挑戦！

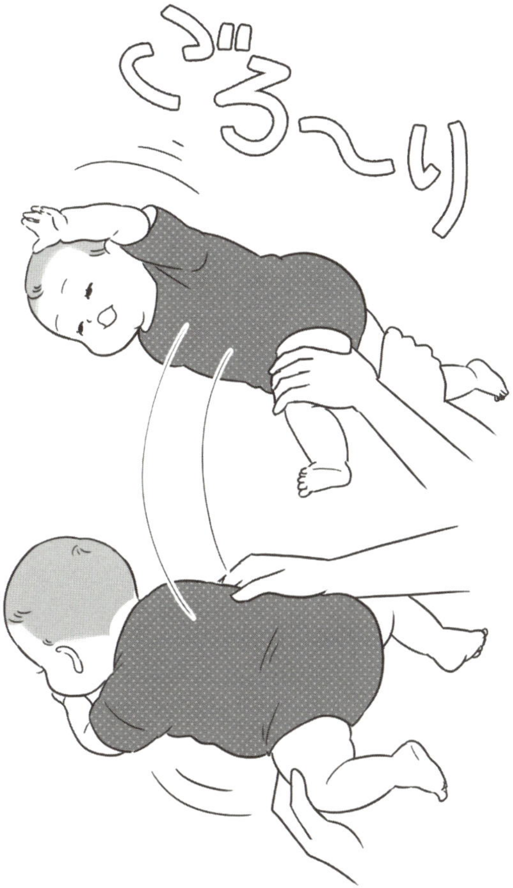

右ページの「ごろごろぎゅー」のあと、今度は赤ちゃんの寝返りを手伝ってあげます。太ももを両手で持ち、転がるほうにやさしくひねって「いいぞ、もう少し！」。あとは赤ちゃんの力で、ごろりん！ 嫌がるようなら無理をさせないようにしましょう。

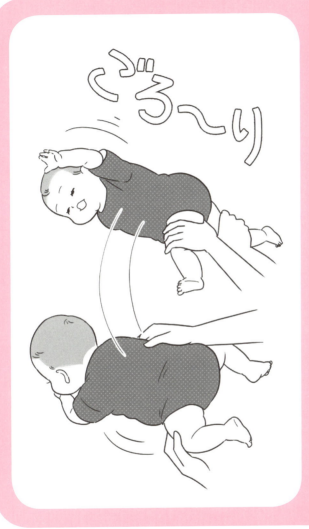

はらばいで布絵本

腹ばいになっている赤ちゃんのとなりで、おとなも腹ばいになって、一緒に布絵本を読みましょう。「めくってみよう」「音が鳴ったね」など布絵本の感触やしかけを楽しみます。

からだあそび

おひざトランポリン

いすに座り、赤ちゃんの脇を両手で支えて、ひざの上でぴょんぴょんジャンプさせます。最後に立ち上がって、「ぴょーん！」と大きくジャンプすれば、赤ちゃんも大喜び。

からだあそび

電車にゆられて

あぐらをかいた上に赤ちゃんを座らせ、両脇を支えたら、「ガタン、ゴトン」と言いながら自分の体を上下左右にゆらし、電車の動きを表現しましょう。動きを止めるときは「到着でーす」。

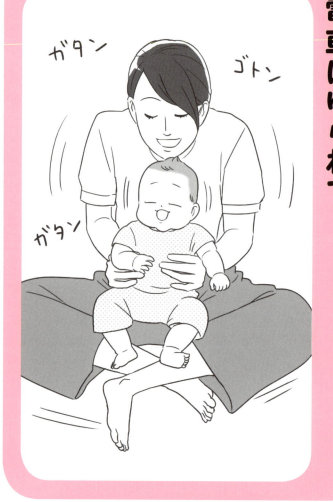

からだあそび

グライダーポーズ対決

腹ばいになった赤ちゃんが、おなかを支点にして両手足を浮かせるグライダー（飛行機）ポーズ。これを真似してみましょう。意外と背筋を使うので、運動不足解消にもなります。

このこどこのこ

① ♪このこ どこのこ
かっちんこ
（横抱きで
左右にゆらす）

② ♪このこ どこのこ
かっちんこ
（脇の下を両手で
支え、足を解放して
ゆっくりゆらす）

このこどこのこ

わらべ歌

歌に合わせて、抱っこした赤ちゃんをやさしくゆらすあそびです。最初は横抱きで、次に、脇の下を持って足をぶらぶらさせてゆらします。ゆったりとしたリズムを楽しみましょう。

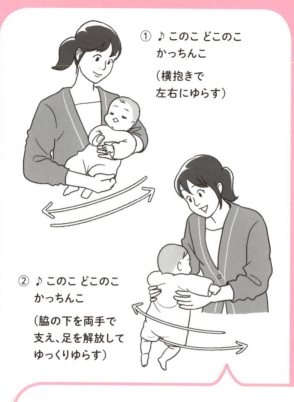

足でつんつん

からだあそび

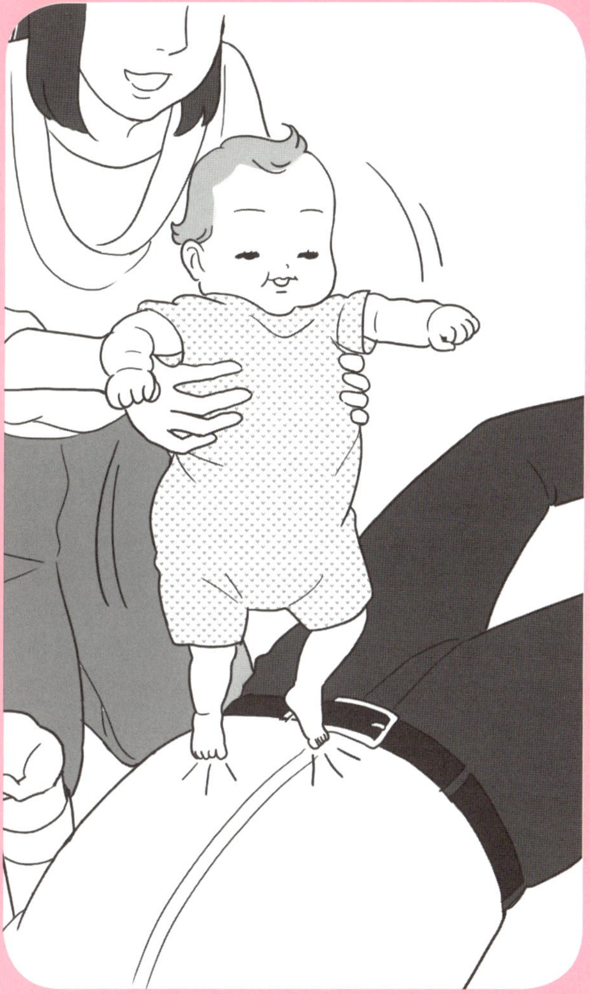

だんだん立ちたいという意欲が出てくる赤ちゃん。脇を支えて体を浮かし、地面に足がつく高さで移動を手伝ってあげましょう。お父さんのおなかや、やわらかい布団の上など、いろいろな場所を足先でつんつんしてあそびます。

からだあそび

パッカパッカお馬さん

ひざを少し曲げて床に座り、赤ちゃんをその上に乗せて脇を支えます。「パッカ、パッカ」と言いながらひざを小さく上げ下げし、馬に乗っているような、心地よいゆれの刺激を与えましょう。

からだあそび

ゆらゆらラッコちゃん

仰向けで寝転がり、胸の上に赤ちゃんをうつ伏せに乗せます。赤ちゃんを支えながら、ラッコが水に浮かんでいるように、体を左右にゆらゆら。穏やかな気持ちになれます。

からだあそび

ワニくんのお散歩

うつ伏せになり、赤ちゃんを背中に腹ばいの体勢で乗せます。赤ちゃんが落ちないように様子を見ながら、左右にゆれたり、ゆっくりとほふく前進したりして、ワニになりきりましょう。

からだあそび

ひこうきブーン

寝転がって赤ちゃんを持ち上げ、すねの上に乗せて上下左右にゆらゆら。赤ちゃんは前を見ようとして背筋の力がつきますし、バランス感覚も養われます。怖がっていないか、表情を見ながらおこないましょう。

からだあそび

ちょうちょうになって

「ちょうちょう、ちょうちょう、飛んできな。
ママのお花まで飛んできな」

「ぎゅーっ!」

97ページの「ひこうきブーン」のメルヘンバージョンです。赤ちゃんをすねの上に乗せてゆらし、最後は抱っこして顔や鼻をくっつけ合ってぎゅーっ!

ねがえり期

新聞紙アコーディオン

紙あそび

音あそび

新聞紙をくしゃくしゃに小さくしたり、広げたりして、音を立ててあそびます。赤ちゃんが興味を示したら、新聞紙にふれさせ、音だけでなく紙の感触も楽しませてあげるとよいでしょう。

ちょちちょちあわわ

① ♪ちょち ちょち
（体の前で
2回拍手）

② ♪あわわ
（手を口へ持っていく）

③ ♪かいぐり かいぐり
（両手を胸の前で
ぐるぐる回す）

ひざに座らせ、手を取ってあそびましょう。赤ちゃんにとって聞き取りやすく発声しやすい言葉なので、くり返しあそんでいると、「あわわ」など、あそびの一部を自分で真似しだすことも。

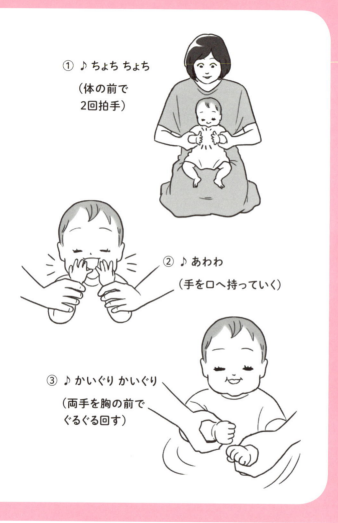

④ ♪ とっとのめ

（片方の手のひらを
もう片方の手の
人さし指でさす）

⑤ ♪ おつむてんてん

（両手で頭を軽くたたく）

⑥ ♪ ひじぽんぽん

（片手でもう一方の
ひじを軽くたたく）

ちょちちょちあわわ

わらべ歌

キラキラボトル

ペットボトルに半分の水と、ビーズ、スパンコールなどを入れてふたをテープでとめ、転がしても見るだけでも楽しいおもちゃに。洗濯のりを入れると水がとろりとした動きになり、食紅を使えばカラフルになります。

コロコロカラカラ

おもちゃあそび
音あそび

小さめの容器に、小豆やビーズ、アルミホイルを丸めたものなどを入れてふたをテープでとめ、振ったり転がしたりして音を楽しめるようにします。ゴムをつければ腕に通してあそべます。

おもちゃあそび

風船パンチ

風船を赤ちゃんの頭上につるします。手を伸ばせばちょうど届くような位置に調節し、ふれてあそべるようにしましょう。ふんわりゆれながら戻ってくる風船に興味を示すでしょうか？

おもちゃあそび

洗濯ネットでガシャガシャ

小さな洗濯ネット数枚に、それぞれ違う素材を入れて感触を楽しみます。枕の詰め物の細かいパイプや、小豆などの豆類、ウッドビーズを入れてもいいでしょう。中身が出ないようにファスナーは縫いとめて。赤ちゃんはどの感触が好みでしょうか？

ラララぞうきん

① ♪ ラララぞうきん
ラララぞうきん
ラララぞうきんを
ぬいましょう*

（頭から足の先までなでる）

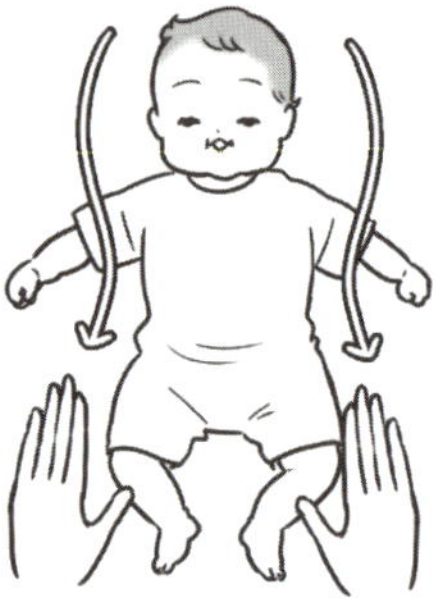

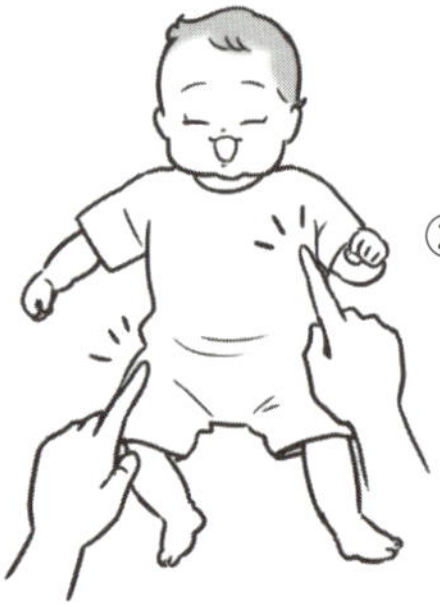

② ♪ チクチクチクチク（×3）
チックチク

（体ぜんたいをつつく）

※①の*を「あらいましょう」に
替えて歌う

③ ♪ ザブザブザブザブ（×3）
ザッブザブ

（足首を持って左右にゆらす）

寝転がっている赤ちゃんの体をつついたり、ゆらしたり、なでたりする手あそび歌です。リズミカルな歌が覚えやすく楽しくて、気分が明るくなる要素たっぷり。「ぞうきん」という歌詞に抵抗がある場合は、「おしぼり」に替えて歌ってもいいですね。

※①の*を「しぼりましょう」に替えて歌う

④ ♪ ギュッギュッギュッギュ（×3）
ギュッギュッギュ

（ぞうきんをしぼるように、
足首を持ってやさしく足をひねる）

※①の*を「～でふきましょう」に
替えて歌う

⑤ ♪ ゴシゴシゴシゴシ（×3）
ゴッシゴシ

（体ぜんたいを手のひらでなでる）

ラララぞうきん

原曲　アメリカ民謡

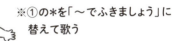

音がたくさん！

このころの赤ちゃんは、オノマトペ（擬声語）やはっきりした色合いに引きつけられます。動物の鳴き声や楽しい擬声語がたくさん出てくる絵本を、一緒に山ほど読みましょう。

外あそび

はらばいピクニック

気候がよければ屋外の芝生などにシートを敷いて、腹ばいになってあそびましょう。外気にふれることで赤ちゃんも元気になりますし、視界がひらけて多くのものに興味が向かいます。

布あそび　一発ネタ

どこから、ばあ？

小さなタオルに隠れ、右か左か上か下か、どこから現れるかわからない「いないいないばあ」。スリリングですね！

からだあそび　一発ネタ

腹筋ばあ！

赤ちゃんの脇を支えておなかの上に立たせ、頭を起こして「ばあ！」と笑顔。赤ちゃんが喜ぶならエクササイズも辛くない!?

あわわわビーム

音あそび　一発ネタ

「あー」と声を出しながら、口に自分の手を当てて動かします。
「あわわわ」とおもしろい音が出ると、赤ちゃんも興味津々。

あわわわ返し

音あそび　一発ネタ

声を出している赤ちゃんの口に、やさしく手を当てて動かします。
「あわわわビーム」と一緒にやってみましょう。

ママ・オンステージ

一発ネタ

ストレス発散とばかりに、好きな歌手になりきって熱唱しましょう。赤ちゃんは、意外な曲がツボにはまったりします。

皿まわし名人

おもちゃあそび

一発ネタ

おもちゃの皿を回して、ピタッと止めて見せます。カランカラカラカラ……ぴたっ! 音と動きで赤ちゃんも楽しめます。

ラブ・テレパシー

ふれあい

一発ネタ

小さい指先に自分の指をちょん、と合わせてみましょう。宇宙人との交信のように、心が通じ合ったりするかも……？

鏡でばあ！

一発ネタ

「ばあ！」と言いながら、一緒に鏡にフレームイン。くり返しあそぶうちに、自分が映っていることを理解するようになります。

くちびるラッパ

音あそび　一発ネタ

唇を突き出し、息を吹き出して振動させます。音楽を乗せても楽しいですね。赤ちゃんも真似してできるようになります。

レロレロ

音あそび　一発ネタ

舌を左右に動かしながら声を出すと、おもしろい音に。これも赤ちゃんは真似しようとするため、言葉の発達にもつながります。

記録

ねぞう撮影会

おもしろい寝相を日々撮影してみましょう。プリントした写真にらくがきをして、アート作品に発展させても……！

記録

寝顔スケッチ

写真もいいけれど、寝顔を絵に描いて残すのもいいですね。手足をスケッチするのも、よい記念になります。

絵本デビューは いつでもＯＫ！ 月齢に合ったものにかぎらず、 お気に入りの絵本を 一緒に楽しみましょう。

単純な絵や音の絵本がおすすめ

絵本は、赤ちゃんとのあそびをより豊かにしてくれるひとつのツールです。絵本を読み聞かせる時期に早すぎる、逆に遅すぎるなんていうことはありませんので、ぜひ思い立ったときに取り入れてみましょう。色や形がはっきりしている単純な絵の本は0歳の赤ちゃんも認識しやすく、おすすめです。音をあらわす言葉がたくさん出てくるものや、手触りやしかけを楽しめる布絵本もいいですね。

義務感ではなく、親も楽しんで！

0歳のうちはまだストーリーは理解できませんが、お気に入りの絵本があれば0歳向けでなくたって読み聞かせてあげてかまいません。義務感からではなく、楽しみながら絵本時間を設けられるといいですね。はじめは反応がなかったり、ページをめくってあそぶほうが楽しかったりするかもしれませんが、がっかりしなくてOK。絵本を通して大好きな人があそんでくれることが、温かで楽しい体験になります。

ためしてみよう!

ものの永続性がわかるかな?

周囲への興味が高まってくると、「見えていたものが見えなくなっても、そこに存在し続けている」という、「ものの永続性」を理解できるようになるといわれます。これまで人の顔が現れるのが単純に楽しかった「いないいないばあ」も、これを機に、顔が現れるのを期待して待ち、期待どおり現れて喜ぶというあそびに変わります。

1
目の前のおもちゃを布で隠す。

2
おもちゃの場所を見続けたり布を取ろうとしたりするかな?

3
おもちゃが出てくると嬉しそうな表情になるかな?

これができたら…**ねがえり期**のこんなあそびがおすすめ!

● **どこから、ばあ?** ➡ 110ページ

● **鏡でばあ!** ➡ 113ページ

栗生ゑゐこの赤ちゃんとのあそび あるある

——ねがえり期編

速読タイム

第4章
おすわり期
のあそび

からだあそび

ぎったんばっこん

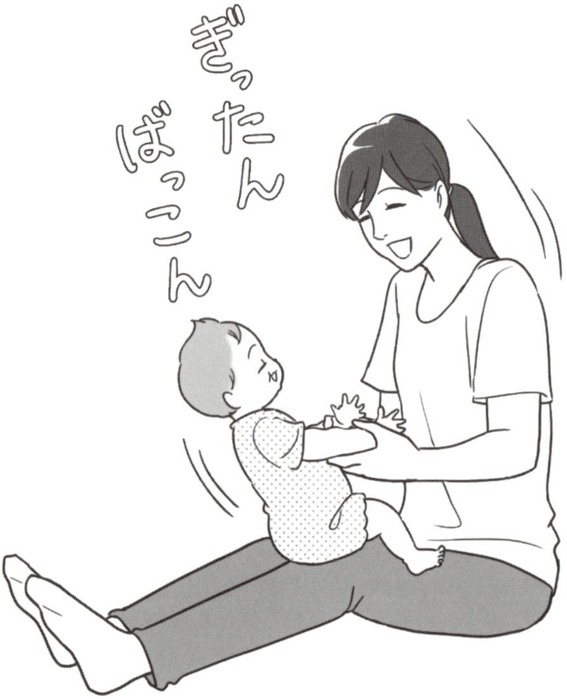

伸ばしたひざの上に赤ちゃんを座らせ、手首をやさしく持って「ぎったんばっこん」。ゆっくり前後へ倒したり起こしたりします。手首を持つ代わりに、脇の下を支えても。公園のシーソーデビューにはまだ早いけど、これならすぐにあそべますね。

ミニつな引き

布あそび

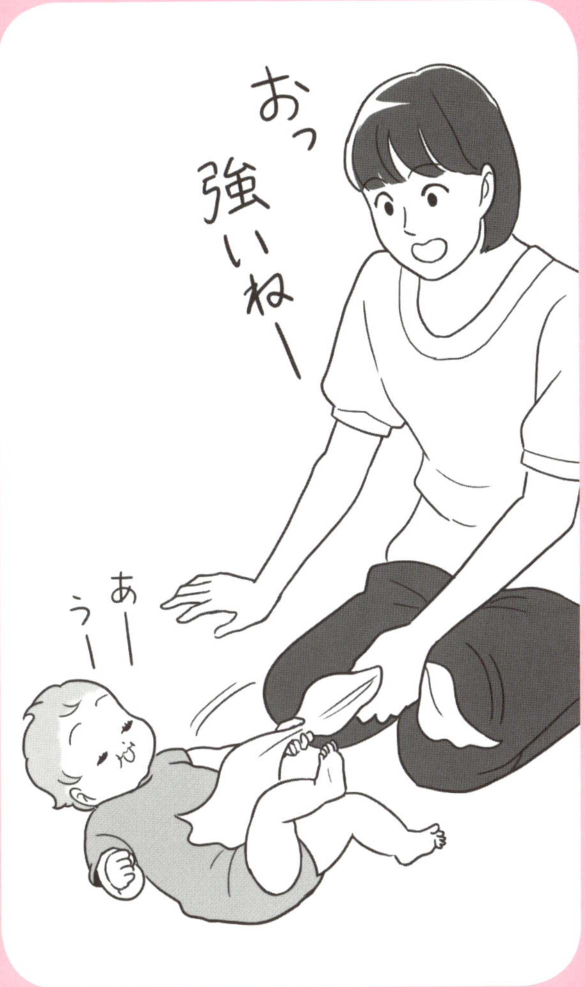

赤ちゃんにハンカチなどの布をにぎらせて、引っ張り合いっこ。赤ちゃんのにぎる力の強さを感じられるあそびです。最後はハンカチを取らせてあげて、赤ちゃんの勝ち！

演技

まねっこゲーム

赤ちゃんのそばに座り、動きを真似してみましょう。手をパチパチたたいたり、急にバンザイしたり。動きを真似してもらえることが嬉しくて、おしゃべりが増えるきっかけにもなります。

からだあそび

ごろんごろん移動

はいはい前の赤ちゃんは、寝返りで移動を試みます。赤ちゃんと一緒に、おとなも転がってみましょう。目標のおもちゃに向かってごろんごろん……。なんだか愉快な気持ちになります。

たかいたかい

この時期になると体つきがしっかりしてきて、ダイナミックなあそびの定番「たかいたかい」も大喜びします。両脇をしっかり支えて、頭の上まで持ち上げましょう。下ろすときはゆっくりと。

からだあそび

1《ワン》・2《ツー》・3《スリー》ジャンプ！

赤ちゃんを床の上で小さく「ワン、ツー、スリー」と3回ジャンプさせてから、「たかいたかーい！」で大きく頭の上まで持ち上げます。右ページの「たかいたかい」のアレンジバージョン。

おもちゃあそび

なんでもぽっとん

大きめのプラスチック容器のふたにカッターで穴を開ければ、穴からなんでも落とせるおもちゃの完成！ お手玉やブロック、チェーンリングなど、落とすものに合わせて穴の形や大きさを変えると楽しいですね。

観察あそび

植物とのふれあい

家の中の観葉植物に興味を示したら、必ずしも「さわっちゃダメ」と遠ざけるのではなく、落ちた葉などを持たせてあげてもよいでしょう。衛生面が気になるなら、よく洗ってから渡せばOK。手でさわったりにおいをかいだり、五感を使って楽しめます。

なんでもパーカッション

赤ちゃんは、ものをたたいて音を出すのが大好き。空き箱やミルクの缶などを並べて、おとなも一緒にセッションしましょう。音の違いに、赤ちゃんの探究心が刺激されます。

ふれあい

くっついた！

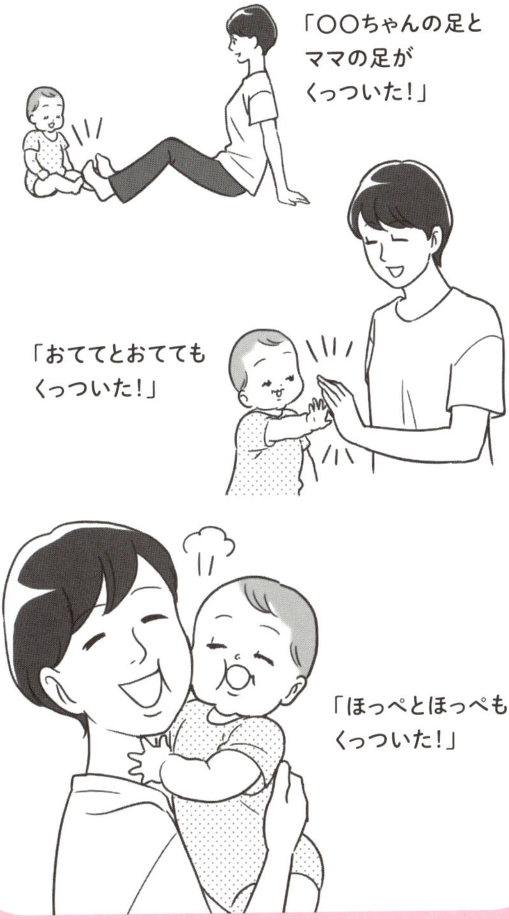
「○○ちゃんの足とママの足がくっついた！」
「おててとおてても
くっついた！」
「ほっぺとほっぺも
くっついた！」

「○○ちゃんの足とママの足がくっついた！」と言って、赤ちゃんの足の裏に、自分の足の裏をくっつけます。次は手のひら、次はほっぺ。最後はぎゅーっと抱きしめましょう。

おもちゃあそび

ふわふわパラシュート

レジ袋の持ち手をテープでとめ、空気を含ませてから投げると、ふんわりと落ちる即席パラシュートに。赤ちゃんは、手を伸ばしてキャッチしてくれるでしょうか？

空中ボール

からだあそび
おもちゃあそび

おすわり期

おすわりしたときに手が届く高さに、ビーチボールなどの大きなボールをつるします。ボールに触ろうと手を持ち上げるため肩の関節が動き、これからはいはいに移行する赤ちゃんにとっていい準備運動になります。

まねっこ百面相

このころの赤ちゃんは、おとなの表情を意識的に真似しようとします。にっこり顔、困り顔、びっくり顔、あっかんべえ……赤ちゃんにいろいろな表情を作って見せてあげましょう。

手あそび歌

小さなおせんべい、やけたかな？

おせんべ
おせんべ
ぱくぱくー

伝統的な手あそび「おせんべいやけたかな？」の赤ちゃんバージョン。両手を持って「おせんべい、おせんべい、やけたかな？」と上下に振り、手をひっくり返してもう1回。最後は「ぱくぱくー！」っと食べる真似で、赤ちゃんも大喜びです。

むすんでひらいて

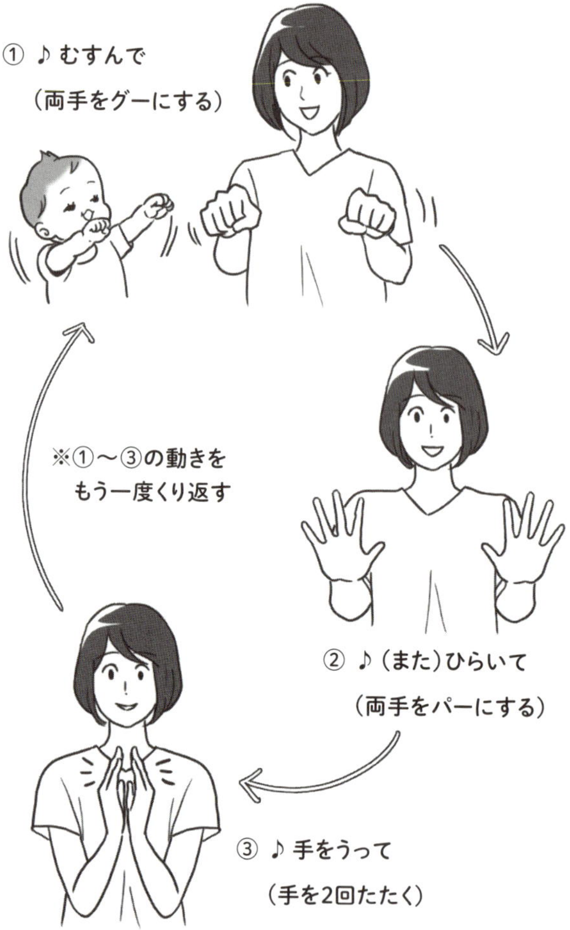
① ♪ むすんで
（両手をグーにする）
② ♪（また）ひらいて
（両手をパーにする）
③ ♪ 手をうって
（手を2回たたく）
※①〜③の動きを
もう一度くり返す

親しみやすいメロディに簡単なふりつけなので、おすわりを始めて両手が自由になった赤ちゃんと一緒にあそぶのにぴったりです。最後の「その手を〜」のあとは、自由にアレンジしてあそんでも楽しいですね。

④ ♪その手を上に

（両手を頭の上に上げる）

※①〜③、①の動きをもう一度くり返す

④のバリエーション

♪その手をお尻に

♪その手をほっぺに

むすんでひらいて

作曲　ルソー

む す ー ん で ひ ら い ー て
て を ー うっ て む ー す ん で
Fine
ま た ひ らい て て を う っ て
そ の ー て を う え に
D.C.

紙あそび

新聞紙ビリビリ

新聞紙に切れ目を入れ、赤ちゃんがつかんだら引っ張って一緒に破きましょう。ビリビリの感触に、親子でハマってしまうかも。

紙あそび

まるめてぽいっ

小さくちぎった新聞紙を一緒に「ぐしゃぐしゃ」とまるめて、ぽいっと転がしてみましょう。くり返しの作業が楽しいあそびです。

三・三・七拍子

演技 / 一発ネタ

手をたたいて三・三・七拍子をしたら、次は赤ちゃんのひざをたたいて、「フレーフレー○○ちゃん、頑張れ、オー！」と応援を。

拍手喝采！

演技 / 一発ネタ

「パチパチパチー！」と楽しそうに、赤ちゃんの目の前で拍手をして見せましょう。赤ちゃんが真似してくれたら大成功！

おもちゃあそび

べりべりはがし

面ファスナーをはがす楽しさを知ったら、赤ちゃんは大ハマり。フェルトでおもちゃを作ってあげてもいいですね。

おもちゃあそび

ポイBOX

ダンボール箱に穴をたくさん開けて、なんでもポイポイ入れるポイBOXにします。穴のまわりはビニールテープで保護しても。

おもちゃあそび

つみ木カンカン

赤ちゃんがつみ木を打ち鳴らしていたら、一緒にやってみましょう。すてきなドラムセッションが始まるかも？

おもちゃあそび

クリップはずし

洗濯ばさみやクリップを服や布団などにくっつけて、赤ちゃんに引っ張らせてあそびます。はずれたらおおいに喜びましょう。

ダイナミックな運動あそびは、首がしっかりすわってから。全身を使った動きに赤ちゃんも大喜び！

首がすわったら「たかいたかい」解禁！

「ひこうきブーン」（→97ページ）や「たかいたかい」（→124ページ）のような体全体を使ったあそびは、必ず首がすわってから行いましょう。一般的には生後5か月くらいで首すわりが完了しますので、生後6か月以降を目安にダイナミックな動きを取り入れていきます。赤ちゃんによっては「たかいたかい」が苦手な子もいますので、まずは小さくひざの上でジャンプさせるなどして反応を見るといいですね。

視点が変わり、バランス感覚も養われる

ぐずっていた赤ちゃんも「ひこうきブーン」や「たかいたかい」をすればとたんに機嫌がなおって、キャッキャと笑ってくれることがあります。それだけ、赤ちゃんにとって視点が大きく変わることは刺激的で楽しいのです。全身を使ったあそびは、体のバランス感覚を養う効果もあります。赤ちゃんが喜ぶとつい動きを激しくしがちですが、0歳児は脳も体もまだ発達段階。ゆったりとした動きで楽しみましょう。

ためしてみよう!

表情の違いがわかるかな?

親しい人との信頼関係が深まるにつれ、赤ちゃんは相手の表情の変化を読み取れるようになってきます。表情の違いがわかると、顔真似などのあそびも楽しめるように。いつもの笑顔からわざと無表情を作って、反応をチェックしてみましょう!

CHECK!!

1
いつもの笑顔でやりとりをする。

2
とつぜん無表情になり、そのまま静止する。

3
不安そうになったり、泣き出したりするかな?

これができたら…**おすわり期**のこんなあそびがおすすめ!

●まねっこ百面相 ➡132ページ

●拍手喝采! ➡137ページ

栗生ゑゐこの赤ちゃんとのあそび あるある

―おすわり期編

油断大敵

第5章
はいはい期のあそび

からだあそび

はいはい対決

はいはいを習得した赤ちゃんと一緒に、おとなもはいはいをしてみましょう。赤ちゃんを追いかけたり、逆に追いかけられてみたり。転がるボールを一緒に追いかけるのもいいですね。

バレバレかくれんぼ

一発ネタ

わざとすぐ見つかるように隠れて、「どーこだ?」と呼びかけます。赤ちゃんはどんな反応をするでしょうか。笑ったり、呼んだり、無視したり……? つかまえにきてくれると嬉しいですね。

ぬくぬく親子

寒い季節に、抱っこした赤ちゃんと一緒にストールやマフラーなどの大きな布にくるまりましょう。ゆりかごのようにゆれて、静かに話しかけてあげます。ふわふわと包まれる感覚に、赤ちゃんは安心、おとなは幸せ。

ボールころころ

からだあそび
おもちゃあそび

スピードを変えながらボールを転がし、赤ちゃんの興味を引くように誘ってみましょう。ころころ転がるボールをはいはいで追いかけるのは、いい運動になりますね。

グーチョキパーでなにつくろう

① ♪ グーチョキパーで（×2）

② ♪ なにつくろう（×2）

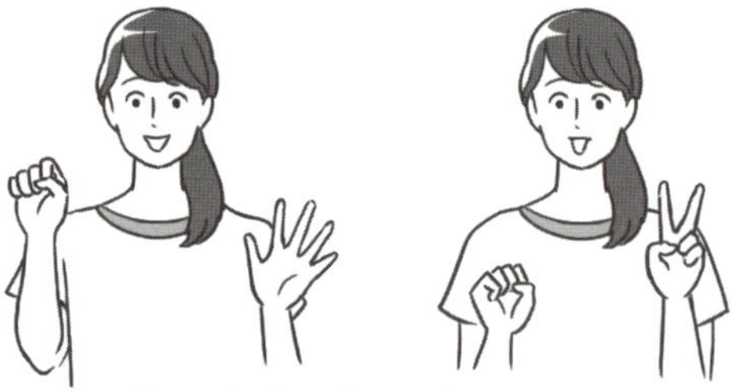

③ ♪ 右手はグーで 左手はチョキで

まだ言葉を理解できないこの時期でも、さらにもっと月齢が進んでからでも、長く楽しめる手あそび歌です。左右の手でなにを作るか、オリジナルの形を考えてみるのも楽しいですね。

④ ♪かたつむり(×2)

④のバリエーション

チョキとチョキで
かにさん

パーとパーで
ちょうちょう

グーとパーで
ヘリコプター

グーチョキパーでなにつくろう

作詞　斎藤 二三子
原曲　フランス民謡

グー チョキ パー で グー チョキ パー で
な に つ く ろう な に つ く ろう
み ぎ て は グー で ひだ り て は チョキ で
かた つむ り かた つむ り

トンネルくぐり① パパママ編

おとなが四つんばいになり、その下を赤ちゃんにはいはいでくぐりぬけてもらいます。アレンジとして、くぐりぬけるときにおおいいかぶさってみるなど、ふれ合いを楽しんでもいいですね。

トンネルくぐり②ダンボール編

ダンボール箱の底を開いて、簡単なトンネルを作ってみましょう。ダンボール箱を見ると、さわったり入ったり、関わらずにはいられない赤ちゃんなので、くぐりぬけるのも大喜びです。

ふれあい

からだあそび

いちゃいちゃママが来た！

赤ちゃんがはいはいをしていたら、すかさずはいはいで追いかけましょう。追いついたら背後からくっつき、抱きついて思う存分スリスリ♥ 赤ちゃんには嬉しいハプニングですね。

おもちゃあそび

くださいな、はいどーぞ

「くださいな」と言って両手を差し出しても、最初はその意味をわかってくれない赤ちゃん。くり返して伝えることで、「はいどうぞ」も交え、受け渡しあそびができるようになっていきます。

つみ木たおし

まだつみ木を上手につめなくても、倒すのは大の得意。形が瞬間的に変化したり、音が出たりすることが楽しいのです。おとなが派手なリアクションをとってあげると、さらに喜びます。最初は赤ちゃんの手を取って一緒に倒してあげましょう。

一発ネタ

どっちでしょう？

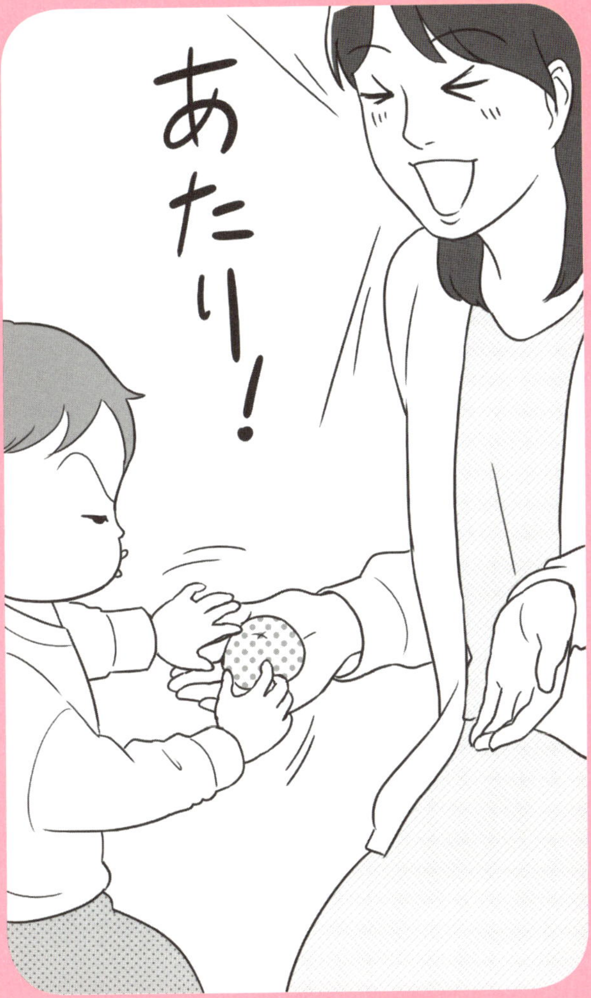

手の中になにかを隠して赤ちゃんの前に差し出し、「どっちでしょう？」。当たったら「あたり！」と、大げさにびっくりしてみせます。一発で当てても、2回目でも、全部「あたり」ですね。

ひんやり氷あそび

夏に体験させてあげたいあそびです。バケツなど、大きな容器に水をはり、氷を浮かべて赤ちゃんにさわらせてみましょう。最初は冷たくてびっくりするかもしれませんが、手の熱で溶けていく変化や、水にチャポンと落ちる音などを楽しんでくれます。

感触あそび

寒天ぷにゅぷにゅ

水に寒天と食紅を入れて固め、赤ちゃんのおもちゃにしてみましょう。にぎってくずれる不思議な感触は、赤ちゃんも初体験。右ページの氷と同じように、水に浮かべてあそんでもいいですね。口に入れても害がないので安心です。

さよならあんころもち

わらべ歌

① ♪さよならあんころもち
またきなこ(×2)
(両手であんころ餅を
転がすような仕草をする)

② ぱくぱくぱく
(食べる真似をする)

③ さようなら
(お辞儀をする)

さよならあんころもち わらべ歌

あそびの時間の終わりなどに歌う習慣をつけると、いい気持ちの切り替えになります。あんころ餅を作る動作をしながら歌い、食べる真似をしたら、最後に礼儀正しくお辞儀をしましょう。

だるまさん

わらべ歌

① ♪ だーるまさん だーるまさん
にらめっこしましょ

② ♪ わらうとまけよ あっぷっぷ

だるまさん

わらべ歌

向かい合って「だるまさん」の歌を歌ったら、最後のあっぷっぷ、で思いきり変な顔をしましょう。赤ちゃんはきっと真似をしてくれます。そのかわいい顔に、おとなは負けてしまいますね。

親がずりばい

一発ネタ

おとながずりばいして、赤ちゃんに近づきます。いつもと違うお母さんやお父さんの動きに、赤ちゃんは大注目。

二度見

演技

一発ネタ

ずりばいで赤ちゃんの前を通り過ぎたあと、ふり向いて二度見します。赤ちゃんはまだ見てくれているでしょうか?

爆笑ごっこ

演技　一発ネタ

赤ちゃんの顔をのぞきこみ、笑って見せます。「あはは、うふふ、ギャハハ！」、赤ちゃんも楽しくなって、つられて「キャハハ！」。

マラカスふりふり

おもちゃあそび　一発ネタ

ノリノリでマラカス（おもちゃ）を振って、笑顔を誘います。マラカスは、プラスチックのカプセルに豆を入れるなどして作っても。

しがみつき

からだあそび

大きなクッションや枕によじ登ったり、しがみついたりしてあそびましょう。赤ちゃんの平衡感覚が育ちます。

もっと好き♥

ふれあい

演技

ぬいぐるみを「好き好き!」と抱きしめてかわいがるところを赤ちゃんに見せたあと、赤ちゃんを抱きしめて「もっと好き!」。

ペットボトルシャワー

おもちゃあそび
お風呂あそび

ペットボトルにきりなどで穴を開けて水を入れ、シャワーのようにしてあそびます。お風呂でもプールでも使えますね。

ガーゼでぶくぶく

布あそび
お風呂あそび

湯船の中に空気を含ませたガーゼを沈め、水中で赤ちゃんにぎゅっとつぶしてもらいます。ぶくぶく出てくる泡に大喜び。

0歳は親子の愛着関係が形成される大切な時期。抱きしめることで、赤ちゃんは無条件に愛されていることを感じます。

抱きしめることで愛情が伝わる

親子の愛着関係の形成において、乳児から2歳くらいまではもっとも大切な時期だといわれています。愛着関係のことをアタッチメントともいいますが、これは日本語で「くっつく」「しがみつく」という意味。赤ちゃんが親にくっついたり、しがみついたりしたときに無条件でそれを受け入れ、抱きしめてあげることは、赤ちゃんの「愛されている」という感覚を育て、情緒を安定させるのです。

あそびの中でも要求を満たして

0歳の赤ちゃんはまだ自分の感情を相手にうまく伝えられません。そんな中で愛着関係を築いていくには、赤ちゃんが求めるときに「くっつきたい」という要求をしっかり満たしてあげることが大切。「ごろごろぎゅー」（→86ページ）、「くっついた！」（→129ページ）、「もっと好き❤」（→162ページ）など、あそびの中でも赤ちゃんをたくさんたくさん抱きしめてあげてくださいね。

ためしてみよう!

防衛本能がはたらくかな?

生後10か月くらいになると、体を前に倒したときに腕を出して頭を守ろうとする「パラシュート反射」や、立った状態で体を傾けると足を踏み出す「ホッピング反応」が見られるようになります。これらの反射・反応が出たら、つかまり立ちももうすぐ!

1

うしろから脇を支え、頭を下にして地面に近づける。

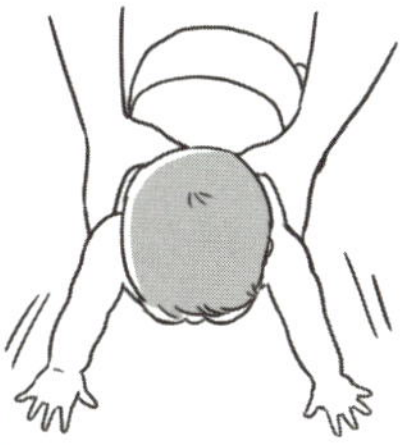

2

両腕が前に出るかな?
(パラシュート反射)

1

立った状態で脇を支え、体を傾ける。

2

足を踏み出すかな?
(ホッピング反応)

栗生ゑゐこの

赤ちゃんとのあそび あるある

——はいはい期編

パパ、童心に帰る

第6章
つかまりだち期
のあそび

おとどけものでーす！

ダンボールの中に座布団などのおもりを入れると、つかまり立ちを始めた赤ちゃんが押して歩くのにちょうどよいおもちゃに。せっせと運ぶ姿は、我が家の小さな配達員♥

パパママのぼり

ふれあい

からだあそび

横になり、体の上によじ登ってもらいましょう。赤ちゃんは全身の筋力がきたえられるし、お父さんやお母さんは休めるし、一石二鳥のあそびですね。

からだあそび

お布団すべり台

布団を重ねてなだらかな坂を作り、すべり台のようにお尻ですべってあそびましょう。坂の上から赤ちゃんに呼びかけて、下から登ってもらってもいいですね。

ホンモノすべり台

からだあそび
外あそび

公園で本物のすべり台にチャレンジ。慣れればひとりでもすべれますが、最初は勢いで後頭部を打たないようにおとなが手を添えて。腹ばいで足からすべってもよいですね。

からだあそび

パパママぶらんこ

肩幅より少し広く足を開いて立ち、赤ちゃんの両脇をしっかり支えて、顔を見ながらゆっくり前後に「ぶーらんぶーらん」。足の下をくぐるのがおもしろくて、何度もおねだりされちゃうかも!?

おすもう親子

からだあそび
演技

赤ちゃんがつかまり立ちをしていたら、目の前で「どすこーい、どすこーい」と、相撲のしこを踏んで見せます。さあ、赤ちゃんは真似してくれるでしょうか？

からだあそび

足の間からこんにちは！

立って上体を倒し、足の間から逆さまにのぞいて、赤ちゃんに「ばあ！」とごあいさつ。赤ちゃんも真似をしようと高ばいの姿勢になって、向こう側がのぞけることに気づくかもしれません。

座布団ジェットコースター

からだあそび

演技

赤ちゃんを座らせた座布団を両手でしっかり持ち、「ガタガタガタ、ビューン！ 曲がりまーす！」とゆらします。不規則な動きを演出して、ジェットコースターを楽しんでもらいましょう。

からだあそび　おもちゃあそび

つたい歩きおにごっこ

つたい歩きができるようになったら、ローテーブルのまわりでおにごっこをしてみましょう。ぬいぐるみを動かして追いかけさせ、タッチできたら赤ちゃんの勝ち！ 夢中になりすぎて転倒しないように注意して。

からだあそび

ペンギン歩き

足の上に赤ちゃんを立たせ、手を取って一緒に歩きましょう。ペンギンのような動きで「1、2、1、2……」。「ママ(パパ)のところまで行ってみよう!」などと目標を決めてもいいですね。

おままごとごっこ

おもちゃの食器を使っておままごとをします。「はい、どうぞ」「ありがとう」「いただきます」「おいしいね！」など、たくさん言葉を聞かせてあげましょう。おいしい、と言うときは表情豊かに。

電話ごっこ

おもちゃあそび

演技

空き箱などを受話器に見立てて電話ごっこ。「もしもし、○○ちゃん」「元気ですか?」などの応答的な声かけに、まだおしゃべりできない赤ちゃんも、すっかりその気になります。

ひみつの小箱

おもちゃあそび

布あそび

ティッシュの空き箱などの中に、ハンカチやガーゼなどの布類を入れておき、赤ちゃんが取り出してあそべるようにします。これなら本物のティッシュで大惨事にならなくてすみますね。

なかよしかくれんぼ

ふれあい　布あそび

大きなシーツを広げておとなが中に入り、赤ちゃんが入ってきてくれたら、なかよく一緒に隠れてしまいます。そのままシーツの中を探索ごっこしてあそんでも楽しいでしょう。

みんなで歯みがき

歯みがきが苦手な赤ちゃんにおすすめです。まずは、ぬいぐるみに真似っこで「ごしごし、しゅっしゅ♪」。次はおとなが「ごしごし、しゅっしゅ♪」。最後に「〇〇ちゃんの番だね！」と声をかけ、赤ちゃんの歯をみがきます。

着替え

いないいない、でたー！

大好きな「いないいないばあ」のあそびを使って、嫌がるお着替えを楽しくします。「おててはどこかな？ いないいない……でたー！」。あそんでいるうちに、お着替え完了！

のぞき穴

一発ネタ

穴を開けた紙などから目をのぞかせて、「みーえた!」。赤ちゃんに穴をのぞかせてあげてもいいですね。

かべからチラッ

一発ネタ

赤ちゃんに気づいてもらえるように、かべのかげからチラッ、チラッとのぞき見をします。どんな反応をするでしょうか?

はいポーズ!

一発ネタ
演技

カメラを持つふりをして、写真を撮る演技をします。「はいポーズ、カシャ!」。すてきなポーズを取ってくれるでしょうか?

レッツダンス♪

からだあそび

音楽を流したら、赤ちゃんの手を取りノリノリでダンス! 一緒におどれば、赤ちゃんもおとなも楽しい気分になります。

バナナの皮むき

布あそび
お風呂あそび

お風呂に浮かべたガーゼをつまんで持って、大好きなバナナの形を作ります。皮をむいて「もぐもぐ」と一緒に食べましょう。

ビニール水風船

感触あそび
お風呂あそび

ビニール袋に水かぬるま湯を入れて、ぷよぷよとした感触を楽しみます。お風呂で思う存分あそばせてあげましょう。

足でプチプチ

からだあそび
感触あそび

梱包に使うプチプチシートを床に貼って固定し、踏んだときのプチプチの感触を足の裏で楽しみます。

鏡よ、鏡

一発ネタ
演技

「鏡よ、鏡。世界で一番かわいいのは？」「それは、もちろん〇〇ちゃんです！」。一緒に鏡をのぞきこみ、親ばか全開で演技！

いつでもかまってほしいわけじゃない。あそびに集中しているときは、そっと見守ることも大切です。

自分の意志であそぶようになる

生まれた直後は寝転がっていることしかできなかった赤ちゃんですが、月齢が上がってくると、自分の意志をしっかりもってあそぶようになります。用意したおもちゃには見向きもせずほかのことに夢中になっていたり、あそぼうとしても思った反応が返ってこなかったりすることが多くなるのではないでしょうか？　そんなときは、あそびを押しつけることはせず、本人のペースを尊重してあげましょう。

見守る時間とふれ合う時間を作る

成長にしたがって動ける範囲が広がり、探究心が育ってくると、ひとりで黙々とあそぶのも楽しくなってきます。お母さんお父さんはその様子をよく観察して、あそぶ姿を静かに見守ったり、ちょっとした手助けをしたり、ときにはこちらから新しいあそびをしかけたりしてみましょう。そっと見守り探究心を満たす時間と、しっかりふれ合って愛情を伝える時間、どちらも大切にできるといいですね。

ためしてみよう！

指さしたものを見てくれるかな？

おとなが指さしたものや視線を向けたほうに、赤ちゃんが一緒に注目することを「共同注意」といいます。これは相手のサインを読み取る力がついてきたしるしで、言葉を理解する時期が近づいてきたということ。共同注意ができるようになったら、言葉を使ったやりとりを、あそびの中で一緒に楽しんでみましょう。

CHECK!!

1
赤ちゃんと視線を合わせる。

2
「あれなあに？」と別のほうにあるものを指さす。

3
指さしたものを見てくれるかな？

これができたら…**つかまりだち期**のこんなあそびがおすすめ！

- **おままごとごっこ** ➡178ページ
- **電話ごっこ** ➡179ページ
- **はいポーズ！** ➡185ページ

栗生ゑゐこの赤ちゃんとのあそびあるある

―つかまりだち期編

小箱のヒミツ

●監修 **汐見稔幸**（しおみとしゆき）

（東京大学名誉教授・白梅学園大学前学長）

1947年大阪府生まれ。東京大学教育学部卒、同大学院博士課程修了。東京大学大学院教育学研究科教授を経て、2018年3月まで白梅学園大学学長。専門は教育学、教育人間学、育児学。保育雑誌『エデュカーレ』責任編集者。

●協力

お茶の水女子大学こども園

東京都文京区立の保育所型認定こども園として2016年に開園。園児定数は0歳児から5歳児、93名（2018年現在）。大学のキャンパス内にあり、豊かな自然体験や遊びを通して子どもたちが自分らしく育っていけるよう保育の日々を紡いでいる。

くらき永田保育園

2002年に「子育て、街育て」をモットーに開園。食育・乳児保育・自然遊びなどの分野で保育専門誌などに特集されることも多い。近年では、異業種とのコラボレーションで問題解決する手法を取り入れ保育園の活用の幅を拡げている。

まちの保育園 六本木

2012年に開園。子どもを中心に保育士・保護者・地域がつながり合う「まちぐるみの保育」を通して、人間性の土台を築く乳幼児期によい出会いと豊かな実経験を提供し、保育園が既存の枠組みを超えた「地域福祉のインフラ」となることを目指している。

社会福祉法人 仁慈保幼園

鳥取県米子市、東京都大田区・世田谷区で3園を運営。2002年に保育方針を見直し、子どもを中心としながら、おとな・地域が関わる保育へ変更。0歳児から5歳児まで一貫して子どもの興味・関心、プロセスに注目した保育を行っている。

STAFF

イラスト 栗生ゑゐこ

デザイン 千葉慈子(あんバターオフィス)

編集制作協力 内野陽子(WILL)
ヤマハチ

DTP 小林真美(WILL)

校正協力 村井みちよ

0歳児とのあそびかた大全

2020年8月29日　発行

監修　汐見稔幸

発行者　鈴木伸也

発行所　株式会社大泉書店
〒101-0048 東京都千代田区神田司町2-9
セントラル千代田4F
電話 03-5577-4290(代表)
FAX 03-5577-4296
振替 00140-7-1742
URL http://www.oizumishoten.co.jp

印刷　ラン印刷社

製本　明光社

ISBN978-4-278-03656-5　C0077　R48

JASRAC 出 1801963-801